COLLECTION DE M. CH. BERMOND

Estampes Japonaises

DES
XVIII᷎ ET XIX᷎ SIÈCLES

Livres illustrés
Surimonos
Étoffes brodées et brochées

Dont la vente aura lieu à l'Hôtel DROUOT, salle n° 8,
Les lundi 3, mardi 4, mercredi 5 et jeudi 6 Mars 1913
à 2 heures

COMMISSAIRES PRISEURS

M᷎ LAIR-DUBREUIL | M᷎ A. DESVOUGES
6, rue Favart | Rue de la Grange-Batelière

EXPERT

M. ANDRÉ PORTIER
24, rue Chauchat

Par le concours desquels se distribue le présent Catalogue

Exposition particulière chez M. A. Portier, 24, rue Chauchat
du Lundi 24 Février au Vendredi 28 Février, inclus.

EXPOSITION PUBLIQUE : Hôtel DROUOT, salle n° 8,
Le dimanche 2 Mars 1913, de 2 heures à 6 heures.

ESTAMPES JAPONAISES

DES

XVIIIe ET XIXe SIÈCLES

CONDITIONS DE VENTE

La vente sera faite expressément au comptant.

Les acquéreurs paieront 10 p. 100 en sus des enchères.

L'Exposition mettant les amateurs à même de se rendre compte de l'état des objets mis en vente, aucune réclamation, pour quelque cause que ce soit, ne sera admise, une fois l'adjudication prononcée.

L'expert, dans l'intérêt de la vente, se réserve la faculté de réunir ou diviser les lots.

L'expert assistera à l'Exposition publique et se tiendra à la disposition de MM. les amateurs qui auraient un renseignement à lui demander ou des ordres d'achat à lui confier.

Estampes Japonaises

DES

XVIIIᵉ ET XIXᵉ SIÈCLES

Livres illustrés
Surimonos
Étoffes brodées et brochées

Dont la vente aura lieu à l'Hôtel DROUOT, salle nᵒ 8,
Les lundi 3, mardi 4, mercredi 5 et jeudi 6 Mars 1913
à 2 heures

COMMISSAIRES-PRISEURS

Mᶜ LAIR-DUBREUIL | Mᶜ A. DESVOUGES
6, rue Favart | Rue de la Grange-Batelière

EXPERT

M. ANDRÉ PORTIER
24, rue Chauchat

Chez lesquels se distribue le présent Catalogue.

Exposition particulière chez M. A. Portier, 24, rue Chauchat
du Lundi 24 Février au Vendredi 28 Février, inclus.

EXPOSITION PUBLIQUE : *Hôtel DROUOT, salle nᵒ 8,*
Le dimanche 2 Mars 1913, de 2 heures à 6 heures.

ESTAMPES JAPONAISES

SUZUKI HARUNOBU

(1723-1770)

1.   Chuban.   Portrait d'une courtisane à qui sa petite kamuro apporte une réponse à un message. Au fond, un paravent décoré d'un perroquet.

            Très jolie pièce.   *100.*

2.   —   Jeune fille, sous son ombrelle, s'abritant du vent qui soulève ses vêtements et découvre ses jambes.   *200.*

3.   —   Le couple en noir et blanc. Sous la neige, deux amoureux qu'abrite une ombrelle. L'homme est vêtu d'un kimono noir : la dame est en blanc. Au haut de l'estampe pendent les branches d'un saule.   *150.*

4.   —   Trois jeunes filles traversent à gué la Tamagawa, à Idé (province de Yamashiro). De la série des six Tamagawa.   *95.*

5.   —   Jeune femme invitant son ami à se dévêtir. De derrière les shoji une jalouse les regarde.   *60.*

6.   —   Jeune femme debout, épilant le cou d'une jeune fille accroupie à ses pieds, près d'un miroir.   *87*

7.   —   Jeune femme accompagnée d'une servante se préparant à couper des chrysanthèmes pour garnir un vase.

8. Chuban. Jeune femme nue sous son kimono entr'ouvert, se coiffant devant son miroir. Derrière un shoji, un jeune homme mi-dissimulé taquine un chat, qu'il veut faire sauter dans la robe de la jeune femme.

9. — Deux jeunes femmes, sur la terrasse d'une habitation, regardent un jeune homme tenant une sandale.

10. — Courtisane allant « à la fleur » suivie de ses deux kamuro et d'un serviteur portant le parasol.

11. — Jeune femme accroupie près de son tobacobon, contemplant la lune qui se lève, cependant qu'une fillette lui apporte son shamisen.

12. — Jeune mère coiffant son petit garçon accroupi devant elle, jouant avec un chrysanthème.

13. — Jeune femme accroupie lisant une lettre à la lueur d'une lanterne qu'allume son amie.

14. — Jeune femme accroupie dans la neige soignant ses arbres nains.

15. Page d'album. Jeune homme accroupi dans une chaya, causant avec une jeune femme fumant sa pipette.

16. — Jeune fille assise sous un saule, voyant dans la fumée qui s'échappe de sa pipette, son image se profiler.

Jolie épreuve.

YOSHINOBU

17. Chuban. Jeune femme nouant son obi, causant à une amie qui apparaît entre deux tentures.

SHIGENOBU

18. — Couple de musiciens, elle jouant du koto, lui de la flûte.

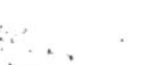

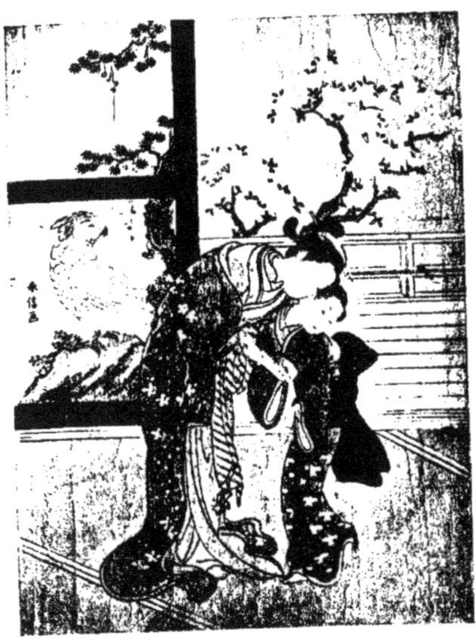

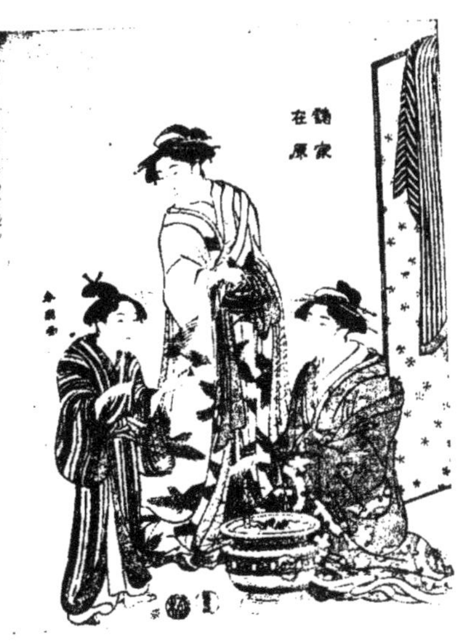

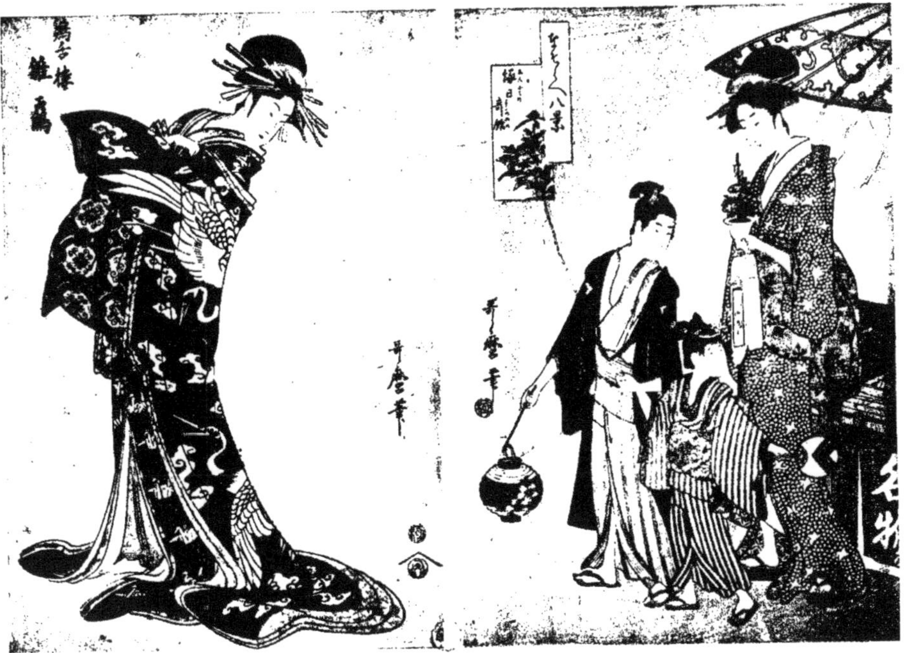

SHIBAKOKAN

19. Chuban.   Couple jouant au jeu de gô.

ISODA KORUISAI

20.   —   Deux geisha débarquent sur une rive de la Sumida.
L'une d'elles est juchée sur le dos d'un jeune
homme, l'autre, derrière, porte un paquet. Dans
le fond, se dégageant des nuages qui le mas-
quaient, surgit le soleil.
De la série Azuma no sato Yeigwa-Hakkei. Huit
aspects de la vie luxueuse de Yedo.

21.   —   Une courtisane et son amant lisant une lettre à une
fenêtre, en face de la Sumida.
De la série Yedo mitate mitsu no 'famagawa. Six
aspects de la Tamagawa évoqués par les vues de
Yedo.

22.   —   Garçonnet prenant deux fruits et tendant l'un d'eux
à une jeune femme accroupie.
De la série Furyu Yamato Nijushiko. Vingt-quatre
exemples de piété filiale en Chine, représentés à
la mode japonaise.

23.   —   Deux jeunes femmes rêvant, accoudées sur une terrasse, abritée par un prunier en fleurs.
De la série Sho, Chiku, Baï (les trois plantes fastes :
le pin, le bambou, le prunier).

24.   —   Jeune homme assis dans une barque surveillant ses
lignes : à côté de lui, une jeune femme s'em-
barque.
De la série Furyu Rokkasen (six poètes et poétesses).

25.   —   Poétesse sur une terrasse, distraite par une fillette
lui apportant une tasse. Au ciel un vol d'oies sau-
vages.
De la même série.

26. Chuban. Jeune femme juchée sur le dos de son ami pour atteindre et réparer le gong d'une pendule.
De la série Furyu Zashiki Hakkei (huit vues élégantes d'intérieur).

27. — Jeune femme, sauvant un moineau d'un faucon qui le menace, perché sur le poing d'un fauconnier.
Même série.

28. — Sous la neige qui tombe, la courtisane Renzan sort, accompagnée de sa kamuro et d'un serviteur tenant un parasol. Elle va « à la fleur » (hana).
De la série Hinagata Wakama no Natsumoyo (modes pour jeunes femmes).

29. — Couple en bateau : à l'horizon de nombreuses barques.
Même série.

30. — Jeune homme allumant sa pipette à celle de son amie : au loin la lune émerge des nuages.
De la série Yedo meisho (huit vues remarquables de Yedo).

31. — Deux jeunes filles sur une terrasse regardant la rivière et le paysage tout blanc de neige.
De la série Yatsushi Genji.

32. — Jeune femme aidant son amie à revêtir un ample kimono blanc.
De la série Ukiyo Fuzoku Hakkei (huit scènes de la vie populaire).

33. — Courtisanes en promenade, suivies d'un jeune serviteur.
De la série Yedo Irozato Hakkei (Irozato est un quartier au nord de Yedo où vivent geishas et prostituées).

34. — Trois jeunes femmes fumant et écrivant.
De la série des douze mois.

35. — Deux jeunes filles assises sur un banc au bord du ruisseau regardent des lucioles.
De la série des douze mois.

36.   Chuban.   Couple sur une terrasse, la jeune femme s'efforçant de retenir son ami. Au ciel la lune partiellement masquée dans les nuages.

37.   —   Jeune femme à la robe décorée d'iris, conduisant un cheval dont un jeune homme examine le sabot.

38.   —   Jeune homme s'efforçant de distraire son amie, assise, et rêveuse. Par la baie on aperçoit un paravent décoré d'un vol de canards.

39.   —   Jeune femme s'abritant de la pluie sous un large parasol, et précédée d'un petit serviteur portant une lanterne.

40.   —   Jeune femme en kimono brique se promenant dans la neige épaisse.

41.   —   Couple accroupi, après la cérémonie du mariage. Par des trous dans un panneau, des indiscrets les regardent.

42.   —   Jeune femme inclinée, épilant le cou d'une fillette accroupie devant elle, près de son miroir. Scène des cinq préceptes de Confucius : Ghi, le devoir.

43.   —   Jeune femme aidant son amie à passer un kimono rouge. Au fond un paravent décoré d'une grue. Même série, précepte rui, civilités.

44.   —   Jeune femme contemplant deux fillettes en train d'écrire. Même série, précepte Tchi, la sagesse.

45.   —   Deux jeunes femmes, l'une d'elles soulevant un garçonnet qui s'efforce de cueillir des fleurs de prunier.

46.   —   Jeune femme s'efforçant de retenir son ami qui la quitte.

47.   —   Jeune prince accroupi, à qui une jeune fille apporte un petit tabouret surmonté d'une écrevisse et d'un fruit.

48.   Chuban.   Scène d'intérieur. Jeune femme accroupie près de sa servante, et tenant une branche fleurie ; elle regarde un paravent décoré d'un tigre et d'un dragon.

49.   —   Guerrier à cheval, au bord des flots, bandant son arc.

50.   —   Jeune fille portant un vêtement et un casque, debout près d'un pêcheur, en vue du Fuji.

51.   —   Quatre jeunes filles groupées autour de l'une d'elles tenant un mât fleuri sur lequel repose une poupée de la série des Niwaka-Kyogen (sorte de ballet comique).

52.   —   Groupe de danseurs figurant un noble seigneur et ses serviteurs. Même série.

53.   —   Trois danseurs au milieu de bouquets de chrysanthèmes. Même série.

54.   —   Deux acteurs devant un norimono.

55.   —   Dans la barque Takarabune, à proue de dragon, se tiennent Yebisou pêchant une dorade et une tortue marine et son inséparable Daikokou jonglant avec son maillet Tsuchi sur lequel se tient une souris blanche.
La voile est décorée des Takaramono, ou emblèmes sacrés.

Kwacho. Oiseaux, animaux et fleurs.

56.   Chuban.   Deux coqs combattant sous un pêcher en fleurs.

57.   —   Faucon sur un perchoir aux armoiries d'un daimio. (Tout daimio s'adonnant à la chasse à la grue possédait un vol de douze faucons.)

58.   —   Faucon sur son perchoir. Un des douze du vol d'un daimio.

59.   —   Sur un tertre fleuri de pivoines, un faucon massacre un faisan.

60. Chuban. Par la pluie battante, un **aigle est** posé **sur un** pin.

61. — Trois grues auprès de jeunes pins, au lever du soleil.

62. — Couple de hérons pêchant dans un cours d'eau rapide, au bord duquel poussent des roseaux.

63. — Faisan doré perché sur un roc fleuri de pivoines, au bas duquel coule un torrent.

64. — Un épervier perché sur un pin couvert de neige.

65. — Deux shishi, gris moucheté de blanc, près d'une cascade au milieu des pivoines en fleurs.

66. — Deux oiseaux picorant des grenades. *5o*

67. — Grue volant au-dessus des flots, devant le disque du soleil couchant.

68. — Deux canards mandarins sur la pointe d'un roc au-dessous d'un prunier en fleurs.

69. — Même épreuve fatiguée.

70. — Joli paon poursuivant un grillon.

71. — Dragon menaçant, sortant des flots.

72. Koban. Scène d'intérieur. Jeunes femmes jouant du shamisen. *5o*

73. — Deux courtisanes, jouant une sorte de « go ».

74. — Trois planches de courtisans, lisant, jouant du koto ou faisant danser un singe. *55*

75. — Deux jeunes femmes près d'un hibashi.

76. — Jeune femme accompagnée d'un garçonnet, disposant des fleurs dans un vase.

77. — Couple d'amoureux sur une terrasse, près d'un saule.

78. — Jeunes filles liant des gerbes.

79. — Deux planches de courtisanes, dans une chaya ou allant « à la fleur ».

80. — Jeune homme, la figure masquée, accompagnant une courtisane suivie d'un serviteur portant une lanterne.

81.   Koban.   Scène d'intérieur.

82.   —   Jeune fille tendant les bras à un garçonnet perché dans les bras de sa mère.

83.   —   Jeune fille éclairant par-dessus la haie, un cavalier qui passe.

84.   —   Couple d'amoureux se promenant au bord de la mer, dans la neige épaisse.

85.   —   Jeune fille levant le store de son norimono pour causer avec un jeune homme qui passe.

86.   —   Deux petites scènes d'intérieur.

87.   Oban.   Courtisane allant « à la fleur » suivie de ses deux kamuros.

88.   —   Courtisane écrivant, ses deux kamuros lui présentant les instruments nécessaires.

89.   —   Courtisane en promenade suivie de deux kamuros.

90.   —   Courtisane accompagnée de ses kamuros et d'un serviteur portant son parasol.

91.   —   Même sujet.

92.   —   Courtisanes et leurs kamuros allant jouer au volant.

93.   —   Courtisanes et kamuros en promenade (trois planches).

94   —   Courtisane se faisant coiffer.

95.   —   Groupe de vieillards symbolisant Bouddha, Laotse et Confucius.

IPPITSUSAI-BUNCHO

(Vers 1770-1796).

96.   Chuban.   La courtisane Ohatsu, à travers les barreaux de la maison tend une lettre à son ami Tokubei.

97.   —   Une geisha qui aide son ami à remettre son haori (manteau).

98.	Chuban.	Geisha accroupie devant un tobakobon tendant une pipette toute prête à son ami, debout à ses côtés.
99.	—	Fillette devant un tobakobon tendant sa pipette à une jeune femme qui se regarde dans un miroir.
100.	—	Couple d'amoureux jouant avec un sampang (barque) minuscule, qu'ils font flotter sur un petit bassin.
101.	—	Couple, près d'un tobakobon, la femme se regardant dans un miroir.
102.	—	Jeune mère et son enfant, ce dernier regardant une lanterne.
103.	—	Couple à l'intérieur d'une maison.

KATSUKAWA SHUNSHO

(1726-1790)

Portraits d'acteurs.

DANJURO

104.	Hosoyé.	L'acteur Danjuro, en colporteur, tenant à la main un long bâton surmonté d'un sistre à anneaux.
105.	—	L'acteur Danjuro, dans le même rôle, tenant, de plus, son sabre.
106.	—	Danjuro, dans le rôle d'un samuraï, brandissant son sabre.
107.	—	Danjuro, dans un rôle guerrier, revêtu d'une armure, et bandant son arc.
108.	—	Danjuro, dans le rôle d'un vieillard, brandissant son sabre.
109.	—	Scène de théâtre jouée par Danjuro et Otarri Hirgi, se menaçant.
110.	—	Danjuro en guerrier armé d'un arc et d'une lance.
111.	—	L'acteur Danjuro représentant un daïmio qui tient un sabre nu.

112. Hosoyé. Danjuro, dans un rôle de vieillard, dansant un éventail à la main.

113. — Danjuro en samuraï, levant une lourde hache.

114. — Scène dans la neige. Danjuro en samuraï, s'abritant sous une ombrelle.

115. — Danjuro en costume de cour, portant un présent.

116. — Danjuro en Kamuro.

117. — Danjuro dans la neige, vêtu d'un ample manteau à décor de bambous.

118. — Danjuro en colporteur, sa pipette à la main.

119. — Danjuro en riche costume de cour, son ombrelle à la main.

120. — Danjuro fumant sa pipette, portant en équilibre deux caisses chargées de poupées.

IWAI HANSHIRO

121. — L'acteur représente un samuraï se promenant, un bouquet fleuri à la main.

122. — L'acteur Iwaï Hanshiro dans un rôle de femme, se promenant richement vêtu, sous un érable.

123. — Iwaï Hanshiro, en femme, debout, sur une terrasse fleurie.

124. — L'acteur Iwaï Hanshiro dans un rôle de femme, tirant un sabre devant une haie de bambous.

125. — Iwaï Hanshiro, en femme, portant sur la tête une hotte fleurie.

126. — Le même acteur dans un rôle de moissonneuse, liant des gerbes.

127. — L'acteur Iwaï Hanshiro figurant Keiko, une célèbre beauté de l'époque, se promenant, un écran à la main.

IWAI HANSHIRO

128.   Hosoyé.   L'acteur Iwaï Hanshiro, figurant une jeune femme qui danse, une branche de chrysanthème à la main. Elle a la tête couverte d'un ornement représentant un shiski.

DIVERS

129.   —   Kagiya O'Sen servant une tasse de thé.

130.   —   Acteur non identifié se promenant un écran à la main.

131.   —   Acteur dansant, le vêtement décoré de larges « mon » de grues.

132.   —   Acteur dans le rôle d'une femme qui, sous la neige, pieds nus, et son enfant dans les bras, attend une aumône à la porte d'une maison.

133.   —   Acteur sous la pluie dans le rôle d'un otokodaté.

134.   —   Acteur vêtu en noble dame de la cour.

135.   —   Acteur en femme, tenant un sabre nu.

136.   —   Acteur en femme, vêtu d'une ceinture à large mon, et brandissant un éventail.

137.   —   Acteur en femme, près d'un temple au bord des flots.

138.   —   Acteur dans un rôle de Samuraï, tenant un éventail.

139.   —   Acteur vêtu d'un ample manteau fait de lianes gerbées.

DIPTYQUE D'HOSOYÉ

140.   —   L'acteur Otami Hiroji et un de ses confrères, dans un rôle de femme, au bord du ruisseau fleuri d'ajoncs.

141.   —   Six bustes présentés dans des éventails représentant les principaux acteurs contemporains de Shunsho, Danjuro, Iwaï Hanshiro, Segawa Kikunojo, Nakamura Tomijuro, Ichimura Hanéyémon et Hiroji.

Sujets divers.

142. Chuban. Jeunes femmes causant à une courtisane à travers les barreaux d'une chaya.

143. — Yebisou, nautonnier, flirtant avec une jeune femme qu'il emmène en barque.

144. — Courtisane se contemplant dans une glace.

145. — Scène de théâtre jouée par trois acteurs, dont Danjuro et Iwaï Hanshiro.

146. — Groupe des sept dieux du Bonheur avec leurs attributs favoris.

147. — Jeune femme contemplant dans son miroir une amie qui lui rase la nuque.

148. Koban. La poétesse Komachi, au bord du ruisseau.

149. — La poétesse Komachi et un samuraï que recherchent des gens, portant des torches et des sabres.

150. — Petits métiers divers.

151. — Dix planches illustrant des poèmes chinois divers.

152. Oban. Dans leur loge, on voit l'acteur Nakamura Nakazo, un de ses confrères et un coiffeur qui lustre une perruque.

153. — L'acteur Ishikawa Monnosuke et l'acteur Segawa Ishunojo représentant une jeune femme et un samuraï.

154. — L'acteur Danjuro, fumant sa pipette, accroupi près d'un homme tenant un livre. Au fond, un miroir sur son coffre, une malle à vêtements, et une perruque fraîchement lustrée.

155. — Buste de l'acteur Danjuro, un éventail à la main, peint sur une sorte de hotte.

156. — Une shirabiyoshi dansant, que regardent un noble et une dame figurés par des acteurs : à droite Nakayama Tomisaburo, à gauche Osagawa Tsuneyo.

157. Oban. Trois acteurs réunis devant une loge.

158. — Kintoki, sur la grève, à Taka-sago, entouré d'une large ceinture décorée d'une tête de Danjuro, contemplant un ours, un singe, un coq et un tengou, ces deux derniers luttant.

159. — L'acteur Danjuro menaçant Iwaï Hanshiro, accroupi devant lui, dans un rôle de Samuraï.

160. — Scène d'intérieur : trois courtisanes en des occupations diverses.

161. — Trois garçonnets broyant de l'encre et écrivant.

162. — L'Empereur chinois Kan-wo, assis sur son trône, lissant sa longue barbe noire : derrière lui un serviteur armé d'une lance.

163. — Réunion des sept dieux du bonheur, dans la barque Takarabune.

164. Grand Hosoyé. L'acteur Iwaï Hanshiro, se promenant, une ombrelle à la main.

KATSUKAWA SHUNYEI

Portraits d'acteurs.

DANJURO

165. Hosoyé. L'acteur Danjuro, le menton couvert d'une épaisse barbe noire, tenant à la main un miroir.

166. — Danjuro en samuraï, se promenant avec son ombrelle, dans la neige épaisse.

167. — Portrait de l'acteur Danjuro dans le rôle d'un otokodaté.

168. — Danjuro, vêtu d'une ample robe à carreaux blancs et noirs, et portant deux sabres.

169. — Danjuro en guerrier, son arc en main et brandissant une flèche.

— 14 —

170. Hosoyé. Danjuro, vêtu d'un kimono rayé rouge et noir, décoré du « mon », déclamant sous la neige qui tombe.

171. — L'acteur sur une terrasse tenant à la main un sabre nu.

172. — Danjuro en samuraï, deux sabres au côté et armé d'une énorme lance.

173. — L'acteur demi-nu, brandissant son sabre.

174. — L'acteur en colporteur, portant un bâton surmonté d'un sistre à anneaux.

175. — L'acteur dans le rôle d'un otokodaté, une lanterne entre les dents.

DIVERS

176. — L'acteur Segawa Kikunojo, représentant une jeune femme.

177. — Kikunojo en jolie courtisane, fumant sa pipette sur une terrasse.

178. — Segawa Kikunojo, en samuraï.

179. — L'acteur Ishikawa Komazo en daïmio.

180. — L'acteur Noshiwo représentant une femme-pèlerin (Rokubu). Elle porte sur le dos une hotte qui contient une statue de Bouddha, d'une main elle s'appuie sur son bâton et de l'autre elle tient un petit maillet qui lui sert à frapper sur le gong fixé à sa ceinture.

181. — L'acteur Otami Hiroji dans le rôle d'un samuraï qui projette de laver dans le sang l'offense qui lui fut faite. Il est vêtu du costume blanc de la vengeance.

182. — L'acteur Nakamura Tomisaburo en otokodaté.

183. — L'acteur Osagawa Tsuneyo figurant une femme portant un tobakobon (nécessaire de fumeur). Derrière elle un paravent décoré de bambous.

184. Hosoyé. L'acteur Yamakaze Rujuzo dans un rôle d'otoko-daté. Un manteau brique recouvre un kimono violet. Sur l'épaule, il porte une couverture.

185. — Acteur en costume de cérémonie, portant une branche d'érable.

186. — Même estampe dans un autre tirage.

187. — Acteur dans le rôle d'un otokodaté.

188. — Acteur en femme, tenant à la main une sorte de massue.

189. — Le lutteur Tanikaze, prêt à lutter.

190. Diptyque d'Hosoyé. Danjuro et Niyémon, tous deux vêtus de larges manteaux noirs, se menaçant au milieu d'un taillis de jeunes bambous.

191. — Deux acteurs en kimono brique, se défiant. Dans cette bonne épreuve, le noir des perruques est laqué.

192. — Deux acteurs en femme, sous la neige qui tombe.

193. — Iwaï Hanshiro, en femme, dans une barque conduite par Danjuro.

194. — Scène dans la neige. Danjuro, sous son ombrelle, portant des poissons, accompagné de Iwaï Hanshiro, en femme.

195. — Danjuro et Kikunojo, en femme, au bord du ruisseau fleuri d'ajoncs.

196. — Ishikawa Komazo, une branche fleurie à la main, et Segawa Kikunojo, en femme, sur une terrasse au bord du ruisseau.

197. — Danjuro et Iwaï Hanshiro, sur une terrasse.

198. — Deux acteurs, en femmes, armés de sabres.

199. Oban. Acteur figurant un daïmio.

200. — Trois acteurs en buste.

Cachet : Hayashi.

201. — Huit planches de lutteurs.

KATSUKAWA-SHUNKO

202. Koban. Pèlerin, la tête couverte d'un large chapeau, les yeux levés en extase.

Portraits d'acteurs.

DANJURO

203. Hosoyé. L'acteur vêtu d'un double manteau décoré de son mon, se prépare à lutter, un éventail entre les dents.
Très belle épreuve aux noirs laqués.

204. — Danjuro se promenant, une lanterne d'une main, son parasol de l'autre.

205. — Danjuro en Samuraï, armé de deux énormes sabres.
Bonne épreuve dont les noirs sont laqués.

206. — Danjuro dans la neige, vêtu d'un ample manteau de paille.

207. — Danjuro représentant Soga no Goro. Il est coiffé d'un large chapeau de paille.

208. — Danjuro vêtu d'une armure, une longue étoffe blanche autour du cou.

209. — Danjuro semblant sortir de l'eau et tordant son kimono.

DIVERS

210. — L'acteur Ishikawa Monnosuké représentant un des 47 Ronins ; Hayano Kampei. Par une nuit noire sous une pluie battante, il chemine, vêtu d'un ample manteau de paille.

211. — L'acteur Ishikawa Monnosuké dans un rôle de spectre.

212. — Monnosuké, armé de deux longs sabres, exécutant une sorte de danse.

213. Hosoyé. Un acteur vêtu d'un manteau de paille, élevant une torche.

214. — Acteur en kimono noir, se promenant sous son ombrelle.

215. — Acteur se promenant, tenant à la main une flûte dans son étui.

216. — Acteur lisant une lettre.

217. — L'acteur Okubo Tokugoro, dans le rôle d'un homme qui se tient sur un hagamochi (grande malle).

218. — Acteur en Samuraï s'abritant sous son ombrelle.

219. — Acteur coiffé d'un large chapeau de paille et portant sur le bras un kimono à décor fleuri.

220. — Acteur cheminant dans la neige, une lourde malle sur le dos.

TORII-KYONAGA

(1752-1814.)

221. Triptyque. Groupe dans un bateau de plaisir, sur la Sumida, s'amusant des tours d'un singe.

Cachet : Hayashi.

Très beau tirage.

200.—

222. — Jeunes femmes sur la plage, à marée basse, ramassant des coquillages.

Bonne impression, un peu fatiguée.

100.—

223. Oban. Deux jeunes femmes, dans un bac, qui traverse la Sumida.

De la série des Shiki-Hakkeï. (Huit vues des quatre saisons.)

Très belle épreuve pliée.

224. — Courtisanes en promenade.

Cachet : Hayashi.

Très beau tirage.

100

2

85   **225.**   Oban.   Deux porteurs de sel.
De la série Fuzoku Azuma no Nishiki ; brocarts de l'est ou coutumes et manières des divers habitants de Yedo.

> Reproduite Pl. XII. Catalogue du musée des Arts Décoratifs. Janvier 1911.

60   **226.**   —   Une jeune mère et deux autres femmes amusent un bambin dont le frère aîné joue avec un cheval de bois.
De la série Toseï Mitsu no Koma. Les trois poneys modernes.

> Reproduite Pl. XVI. Arts Décoratifs. Janvier 1911.

150   **227.**   —   Femmes sous une vérandah, contemplant la mer.

> Très belle épreuve entièrement oxydée.

75   **228.**   —   Jeunes femmes finissant leur maquillage et partant en promenade.

> Jolie impression partiellement oxydée.

120   **229.**   —   Trois jeunes femmes de Yedo se promenant par un jour de pluie.
De la série Fuzoku Azuma no Nishiki.

> Reproduite Pl. XIII. Arts Décoratifs. Janvier 1911.

65   **230.**   —   Jeune princesse en promenade, assise à califourchon sur le cou d'un serviteur, et entourée de ses servantes.

> Très belle épreuve pliée.

126   **231.**   —   Une jeune dame appartenant à une famille de Samuraï de haute classe, se promène accompagnée de sa koshimoto (première femme de chambre, dont le service consiste à être toujours auprès de sa maîtresse), d'un Jochu (servante de rang inférieur) et d'un wakamoto (jeune samuraï qui sert de garde du corps).
La koshimoto porte un mamorigatana (sorte de poignard qui sert surtout de protection contre les esprits du mal). Ce poignard est enveloppé dans un morceau de brocard. Une bourse y est attachée qui renferme diverses amulettes shintoistes.

De la série Fuzoku Azuma no Nishiki.

Très bon tirage.

232. Oban. Jeunes femmes causant et fumant. 60

233. — Joueurs de flûte. 75

234. — Sur la terrasse d'un palais, qu'abrite un cerisier en 60
fleurs, deux dames de la cour devisent en contemplant un vol d'oies sauvages.
Cachet : Hayashi.

235. — Sur une terrasse au bord des flots, une noble dame 55
inspirée par la beauté du paysage, se dispose à écrire.
Cachet : Hayashi.

236. — Sur une terrasse à l'abri d'un store, deux dames 55
regardent un chat jouant dans les plis de leurs robes.
Cachet : Hayashi.

237. — Assises sur une jolie terrasse fleurie, trois jeunes 25
femmes en coiffe blanche devisent en fumant et s'éventant.

238. — Trois jeunes femmes, sortant du bain, finissent leur 50
coiffure sur une terrasse ombragée.

239. — De jeunes et gracieuses geishas s'apprêtent à donner
une aubade.

Deux planches de triptyque.

240. — Minamoto no Uskiwakamaru (qui se nommait dans 62.
sa jeunesse Yoshitsune) rendant visite à sa maîtresse Jorurihime. Pour signaler sa présence il joue un air de flûte à la porte de sa belle. Apparaissent alors des servantes qui vont l'introduire.

Bonne épreuve partiellement oxydée.

241. — Scène de théâtre à deux personnages, devant une
estrade de musiciens.
Cachet : Hayashi.
Très belle épreuve.

242.   Oban.   Autre scène de théâtre similaire où figurent les acteurs Iwaï Hanshiro (en femme) et Kino Kuniga Noshi (en homme).

Bonne impression.

243.   —   Autre scène de théâtre à deux acteurs.

Jolie épreuve mais rognée.

244.   —   Autre scène de théâtre représentant un acteur homme accroupi entre deux acteurs femmes.

50   245.   —   Scène de théâtre sur une terrasse joliment fleurie.

Très beau tirage.

246.   —   Scène de théâtre à trois personnages dont un acteur monté sur un bœuf noir.

247.   —   Scène de théâtre où figurent deux guerriers.

55   248.   —   Monté sur le dos de son ours favori et accompagné de deux onis portant l'un sa hache, l'autre son gourdin, Kintoki, l'enfant rouge, fils de Yamauba, se promène le matin sur le sauvage mont Ashigara.

Cachet : Hayashi.

249.   —   Assis sur son ours noir, Kintoki contemple avec une longue-vue le combat acharné que se livrent dans les airs deux tengous, armés de sabres.

Cachet : Hayashi.

250.   —   Kintoki accompagné de son ours, vient de capturer au lasso, un tengou auquel un oni, assis à côté du jeune Hercule, montre le poing.

251.   —   Kintoki contemple avec curiosité plusieurs onis qu'il tient enchaînés.

252.   —   Kintoki faisant danser sur sa main étendue, au son d'un orchestre tenu par des onis, son ours noir costumé en danseur de Nô.

253.   —   Kintoki, et son ours noir, se promènent, accompagnés d'un jeune chien tenu en laisse.

254.   —   Kintoki caracolant sur un cheval de bois, accompagné de son ours noir.

Tirage inférieur.

255. Chuban. Le quatrième mois de la série des douze mois. Deux femmes se promenant sous les glycines en fleurs, l'une d'elles s'arrêtant pour allumer sa pipette à celle d'un jeune homme qui passe.

256. — Série des douze heures. L'heure de la chèvre (hitsuyi), la huitième ; jeune mère et son enfant passant près d'une vérandah où jouent plusieurs enfants.

257. — Même série, l'heure du chien (inu), la onzième. Couple s'abritant de l'ondée sous le même parasol.

258. — Série Minami Juniko. Les douze mois du Sud (de Yedo) : Shinagawa.
Trois jeunes femmes sur la terrasse d'une chaya, contemplent un bain public.

259. — Même série. Deux jeunes femmes devant la baie d'une chaya, l'une d'elles se retournant pour regarder deux jeunes garçons qui les accompagnent.

260. — Série des Douze pensées. Deux jeunes femmes en promenade, l'une d'elles puisant de l'eau dans un tonneau à l'aide d'une louche.

261. — Même série. Jeunes femmes à l'avant d'une barque, sur la Sumida, l'une d'elles accoudée fumant sa pipette, contemple, rêveuse, le paysage.

262. — Série des Dix vues de fleurs à Yedo. Jeunes femmes en promenade contemplant des vases fleuris.

263. — Même série. Jeunes femmes accrochant des poésies aux branches de cerisiers en fleurs.

264. — Série des Douze fleurs. La courtisane Hana Ogi, de la maison Ogiya, en promenade, suivie de deux petites kamuro.

265. — Jeunes femmes s'apprêtant à monter dans un bac qui traverse la Sumida.

266. — Série des quatre vues du Fuji. Jeunes femmes en barque sur la Sumida, passant entre les piles d'un pont, d'où l'on voit le pic fameux.

267.	Chuban.	Même série. La première visite de l'enfant au temple. Juché sur l'épaule du papa, cheminant à côté de la mère, le bambin se retourne vers une jeune femme qui les accompagne.
268.	—	Série des huit vues des Quatre Saisons. Jeunes filles enlacées, descendant les marches du temple.
269.	—	Même série. Jeunes filles se préparant à faire de la musique. Au dehors la pluie fait rage.
270.	—	Même série. Jeunes femmes en promenade contemplant un vol d'oies sauvages.
271.	—	Série des Ponts de Yedo. Trois jeunes femmes se promenant sur un pont de la Sumida.
272.	—	Même série. Famille passant un pont.
273.	—	Série des huit vues de Foukagawa (quartier de Yedo). Promenade de trois dames et d'un jeune homme au bord de la Sumida.
274.	—	Deux planches de jeux d'enfants.
275.	—	Famille en promenade.
276.	—	Série de Inagawa. Jeunes femmes en train d'écrire.
277.	—	Série des parfums. Une nuit de fête shintoïste, une geisha va « à la fleur ». Elle est accompagnée de deux petites kamuro et précédée d'un serviteur portant une lanterne.
278.	—	Même série. Sujet similaire au précédent.
279.	—	Scène de théâtre à quatre personnages.
280.	—	Série des sept bains de Hakone. Deux jeunes femmes sur une terrasse, l'une remontant du bain.
281.	—	Même série. Deux jeunes femmes en croisant une troisième qui se rend au bain.
282.	—	Même série. Deux jeunes femmes et un jeune homme sur la terrasse d'une chaya.
283.	—	Même série. Trois jeunes femmes s'apprêtant à faire de la musique.

289

286

288

287

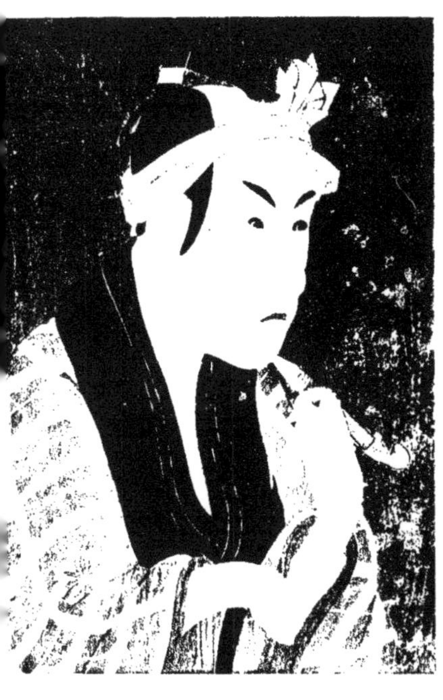
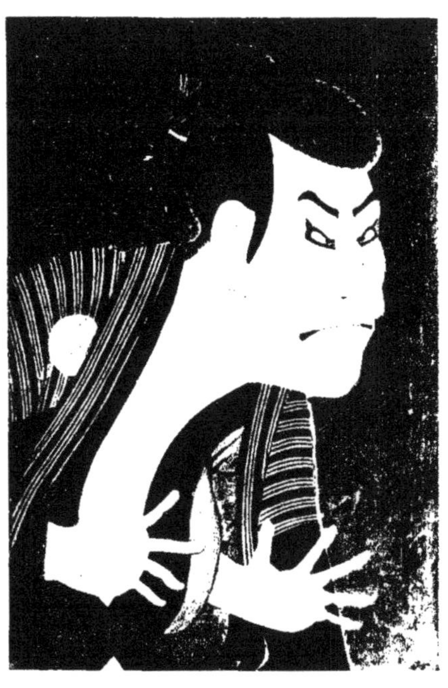
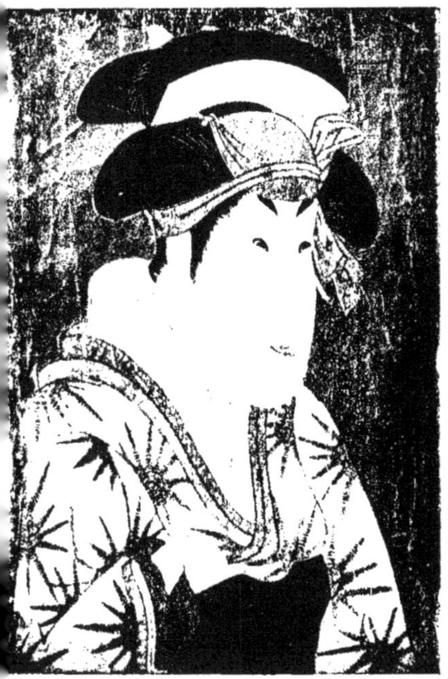
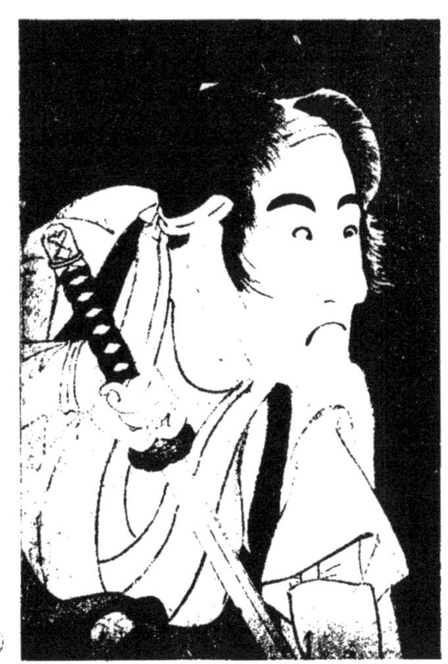

| 284. | Chuban. | Même série. Trois jeunes femmes revenant du bain. | 60 |
| 285. | — | Même série. Estampe semblable. | 57 |

TOSHUSAI SHARARU

(Vers 1779-1800.)

Format oban à fond d'argent.

286. Chuban. L'auteur Otani Oniji figurant dans le drame des 47 Ronin. Son manteau est à rayures rouge brun foncé et ocre, à parements noirs. Kimono rose et vert. — 265

Signée : Toshusaï Sharaku, yegaku.
Publiée par Tsutaya.

287. — L'acteur Bando Mitsugoro, représentant un Ronin. — 405

Signée : Toshusaï Sharaku, yegaku.
Publiée par Tsutaya.

288. — L'acteur Segawa Kikunojo figurant Konami, qui était la fiancée du fils de Yuranosuke, le chef des Ronins. Elle porte un kimono blanc décoré d'étoiles de mer. — 420

Signée Toshusaï Sharaku, yegaku.
Publiée par Tsutaya.

289. — L'acteur Matsumoto Koshiro en otokodaté. Il porte une pipe à ses lèvres. — 325

Signée : Toshusaï Sharaku, yegaku.
Publiée par Tsutaya.

UTAGAWA ｜TOYOHAROU

(1733-1834.)

290. Chuban Yokoyé. L'irruption des quarante-sept Ronins dans le palais du seigneur Kira.

291. — Scène de chasse dans les plaines au pied du Fuji.

292. Chuban Yokohé. La foule devant l'entrée du temple.

293.   —   Le temple sur le lac.

294.   —   Scène de dieux du bonheur dans une chaya au bord
              du lac.

295.   —   Fête de nuit.

UTAGAWA TOYOHIRO

(Début du xix⁰ siècle.)

296. Triptyque. Jeunes femmes en promenade accompagnant un
                  jeune daymio, passant devant un restaurant cé-
                  lèbre de Yedo, dans lequel on aperçoit de nom-
                  breux soupeurs.

297.   —   Jeunes femmes se promenant devant les boutiques,
                  deux d'entre elles marchandant des petites
                  cages.

298. Diptyque. La cueillette des kakis devant un jeune prince qu'une
                  jeune femme élève dans ses bras.

299. Oban.   Deux jeunes femmes en fauconniers.

300. Chuban Yokoyé. Série des huit vues de Yedo. Quatre planches
                  diverses.

301. Hoso-ye.   Acteur en femme lisant une lettre.

302. Koban.   Jeune femme se hâtant sous la pluie, une lanterne à
                  la main.

303.   —   Jeune femme accroupie, préparant une jardinière.

304.   —   Servantes à leur toilette (impression en noir).

305.   —   Cinq planches diverses.

Formats divers.

306.   —   Quinze planches d'oiseaux et d'animaux.

307.   —   Cinq planches du petit Tokaido.

UTAGAWA TOYOKUNI

308. Yokoban. Scène à l'intérieur d'un théâtre où soupent de nombreux personnages.

309. — La chasse à la baleine, de nombreuses barques cernent les deux monstres : sur la plage se pressent de nombreux personnages affairés.

310. — Scène des Ronins. L'attaque et la capture de Kira.

311. — Les barques de plaisir sur la Sumida près du pont de Ryogoku.

312. Triptyque. Intérieur d'une salle de théâtre : Les spectateurs fourmillent à toutes les places et présentent les attitudes les plus variées ; sur la scène on joue un drame émouvant.

313. Pentaptyque. Les berges de la Sumida et le pont Ryogoku sur lesquels circulent une foule bigarrée de promeneurs et de marchands. Sur la rivière de nombreuses barques.

314. — Scène de Chiuchingura où figurent de nombreux acteurs.

315. Diptyque. La grande avenue du quartier Yoshiwara, toute peuplée de la promenade des femmes en somptueux costumes et de quelques jeunes hommes. Impression à dominante grise et lilas.

316. Triptyque. Dame noble à cheval, entourée de ses serviteurs, passant en vue du Fuji : très belle composition très atténuée de tons.

317. — Sur la terrasse d'une chaya, maison de thé, sept dames élégantes, accompagnées d'un jeune homme contemplent des pêcheurs retirant un large filet où sont capturés de nombreux poissons.

318. — Une dame noble, entourée de serviteurs, accompagne dans la neige sa fillette qui s'amuse à con-

fectionner une énorme boule : les robes richement
décorées ressortent sur le fond mat de la neige.

« Datée par Fenollosa, vers 1798 environ, et une
des plus belles œuvres de l'artiste. »

150 **319.** **Triptyque.** Dans une barque, à la proue ornée d'un superbe coq
blanc, et dont la voile porte le signe de la félicité
sans fin. sept gracieuses jeunes femmes richement vêtues symbolisent les dieux du Bonheur.

320. — Scène de fête à l'intérieur du temple en vue du Fuji.
De nombreux personnages et de gracieuses musiciennes, le jour de la fête des cerisiers, accompagnent et acclament l'un d'eux portant un mât surmonté d'une grue et d'une tortue de longévité, au
milieu de branches de pins et de fleurs de cerisiers, groupement de bonheur dit sho-shiku-baï.

321. — Groupe de sept jeunes femmes symbolisant les sept
dieux du Bonheur dont elles possèdent les attributs. Trois d'entre elles déplient un kakemono représentant Fokou-rokou-djiou.

Cachet : Hayashi.

322. — Dans une rue du Yoshiwara, un daymio entouré de
nombreuses courtisanes. De place en place des
norimono arrêtés au milieu de la foule, leurs porteurs se reposant.

En collaboration avec Kikumaro.
Cachet : Hayashi.

323. — Jeune princesse dans son norimono, traversant un
gué sur le dos de nombreux gaillards, les dames
de la suite traversent également, mais à califourchon sur les épaules des porteurs.

324. Oban. Jo et Uba, sur la plage à Takasogo, dans la province
de Baushu. Vieux ménage toujours jeune, ils symbolisent le bonheur conjugal et vécurent toute leur
longue existence sur cette plage déserte, elle
armée d'un balai, lui d'une sorte de raquette,
ramassant des aiguilles d'un vieux pin, qui sert
aujourd'hui de refuge à leurs esprits.

325. Oban. Courtisane, richement vêtue d'une robe décorée de grues, assoupie près de son hibashi. 65

Cachet : Hayashi.

326. — Deux acteurs, dont l'un tire son sabre.

Cachet : Hayashi.

327. Diptyque. Orchestre de musiciennes préparant leurs instruments, dans la salle d'un palais : d'autres finissent de se maquiller. 86

328. — Même sujet que le n° 315 traité différemment.

329. — Nombreuses jeunes femmes groupées sous des érables, entourant un jeune homme à qui l'une d'elles verse à boire.

330. — Jeune homme accoudé à la balustrade d'une habitation contemplant, de l'autre côté de la rive, un joli groupe de gracieuses jeunes femmes quittant une chaya.

331. — Jeunes femmes au milieu d'une forêt accompagnées d'un jeune garçon qui leur déterre des pousses de bambous. 101

332. — Dame noble sortant de son norimono, entourée de nombreux serviteurs.

333. — Deux personnages nobles, traversant le gué, sur des radeaux portés par huit solides gaillards.

334. Yokoban. Suite de sept planches de la série des Fidèles Ronins.

335. Grand Hosoyé. Deux jeunes femmes se promenant au milieu des bambous.

336. Oban. Devant un métier où travaillent deux jeunes tisseuses, un garçonnet joue avec trois petits chiens.

337. — Sur la terrasse d'une habitation passent trois jeunes femmes portant des jardinières garnies d'arbres nains.

338. — Scène à l'intérieur d'une maison de thé : de nombreuses courtisanes accroupies, occupées à des collations diverses.

339.	Chuban.	Jeune femme, un écran à la main, accroupie près d'une petite cage.
340.	—	Apparition spectrale.

Très petit format carré.

341.	—	Deux têtes de vieillards accompagnés d'un enfant, sur fond noir (deux planches).

TOYOKOUNI II

342.	Oban.	Quarante et une planches d'acteurs divers (seront divisées).

KATSUKAWA SHUNCHO

343.	Chuban.	Au jour tombant, à l'heure que se lève la lune, deux geishas s'embarquent près du pont de Ryogokou, pour traverser la Sumida.
344.	—	Jeunes femmes et fillettes sur une terrasse abritée d'érables.
345.	—	Deux courtisanes regardant par une baie grillagée les norimono qui se hâtent sous l'averse.

Impression en noir.

346.	—	Courtisanes et leur servante près d'un hibashi.
347.	—	Courtisane et servante se promenant dans la campagne.

Impression en noir.

348.	Diptyque.	Dans un intérieur des jeunes femmes se divertissent le jour de la fête des chrysanthèmes (kiku no sekku) le 9 septembre. Un paysage se voit dans le fond. De la série Gosekku shu (cinq jours de fête).
349.	—	Scène de Yoshiwara, un jour de nouvel an. Devant une maison décorée de branches de pins, passent de nombreuses courtisanes accompagnées de leurs kamuros.

359

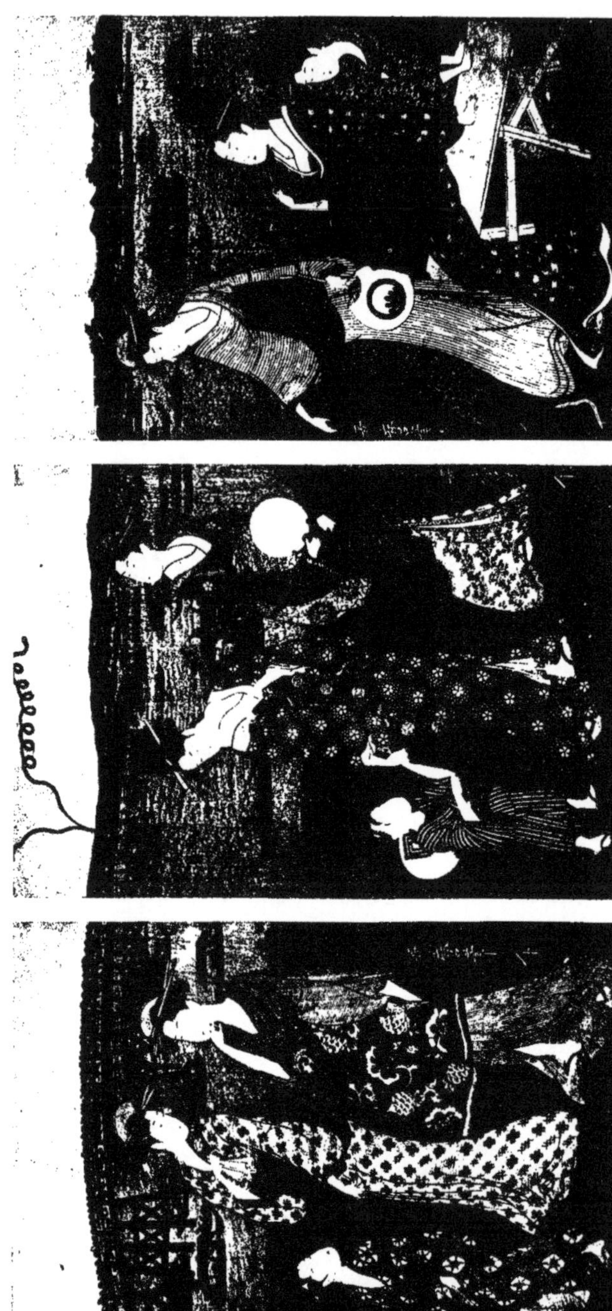

350. Diptyque. Près de l'entrée d'un temple bouddhique circulent de nombreuses courtisanes.

351. Triptyque. Trois planches d'un pentaptyque représentant dans des réserves d'écrans ou d'éventails des scènes diverses de courtisanes, de montreur d'animaux, etc.

352. Oban. La courtisane Kisegawa qu'accompagnent deux shinzo, Takeno et Sasano, et deux Kamuro.

353. — Trois courtisanes en promenade, l'une levant un éventail, l'autre portant à la main un grand chapeau de paille.

354. — Scène à l'intérieur d'une chaya : un petit garçon apporte une branche fleurie à deux courtisanes causant : au fond deux geishas regardent un jeune homme en train d'écrire.

355. — Groupe de courtisanes assises entourées de leurs kamuros.

356. — Deux acteurs dont l'un en femme dépliant un obi (ceinture).

357. — Jeune prince entouré de serviteurs regardant un combat de coqs.

358. — Courtisanes en promenade, passant près des lanternes d'un temple.

KITAGAWA UTAMARO

359. Triptyque Oban. Fête de nuit, feux d'artifice et illumination sur la Sumida. Le pont de Ryogoku est noir de monde. Au bord de la rivière des dames et des enfants se promènent.
Sur le fond nocturne l'artiste dégage le noir du kimono en y semant ingénieusement des fleurettes et des hachures blanches.

360. Triptyque Oban. Taïko Toyotomi Hideyoshi fait la fête à Higashiyama avec ses cinq femmes, leurs servantes et son favori Ishida Mitsunari.

Titre de l'estampe Taïko Gosaï Rakuto Yukwan no zu. Taïko et ses cinq épouses picniquant à Rakuto (à l'est de Kyoto).

C'est, prétend-on, à cause de cette estampe où la cour voulut voir un blâme aux mœurs du Shogunat, qu'Utamaro fut jeté en prison.

361. — A Yenoshima les pêcheurs d'awabi (ama) plongent dans les flots.

362. — Jeune dame noble et ses servantes arrêtées sur une grève où volent de nombreuses grues, des poésies attachées aux pattes.

Allusion à Yoritomo, frère de Yoshitsune, dont le principal amusement était des lâchers de cigogne aux pattes desquelles on inscrivait une date : ceux qui les capturaient étaient tenus de les relâcher et de prévenir le prince.

363. Diptyque Oban. Sous le pont de Ryogoku passent des bateaux promenant de jolies femmes. L'une d'elles à qui une amie offre la main saute en relevant son kimono, d'un bateau dans l'autre, cependant que sa servante lui tient son ombrelle.

364. Triptyque Oban. Sur la Sumida circulent de nombreux bateaux portant de jolies femmes : deux barques s'accostent et une jeune femme son éventail aux dents, change de bateau pour retrouver une amie.

365. — Devant un paravent décoré d'un immense oiseau de Hoo, trois jeunes femmes sont accroupies près de leur tobacobon, fumant ou lisant.

Paravent que peignit Utamaro dans un salon de maison verte.

Cachet : Hayashi.

366. — Au pied du Fuji, et traversant un gué, se déroule un cortège formé par l'escorte d'un daymio. Un samuraï à cheval tient un faucon sur le poing. L'escorte est ici représentée sous les traits de gracieuses jeunes femmes.

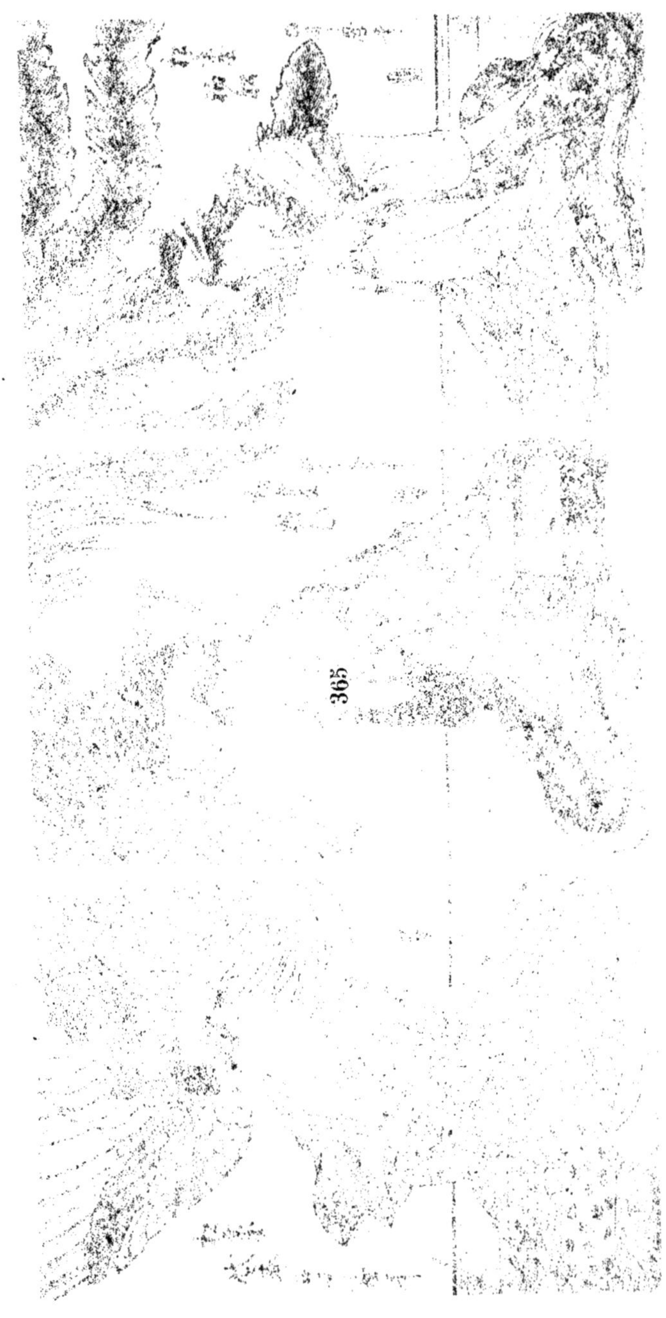

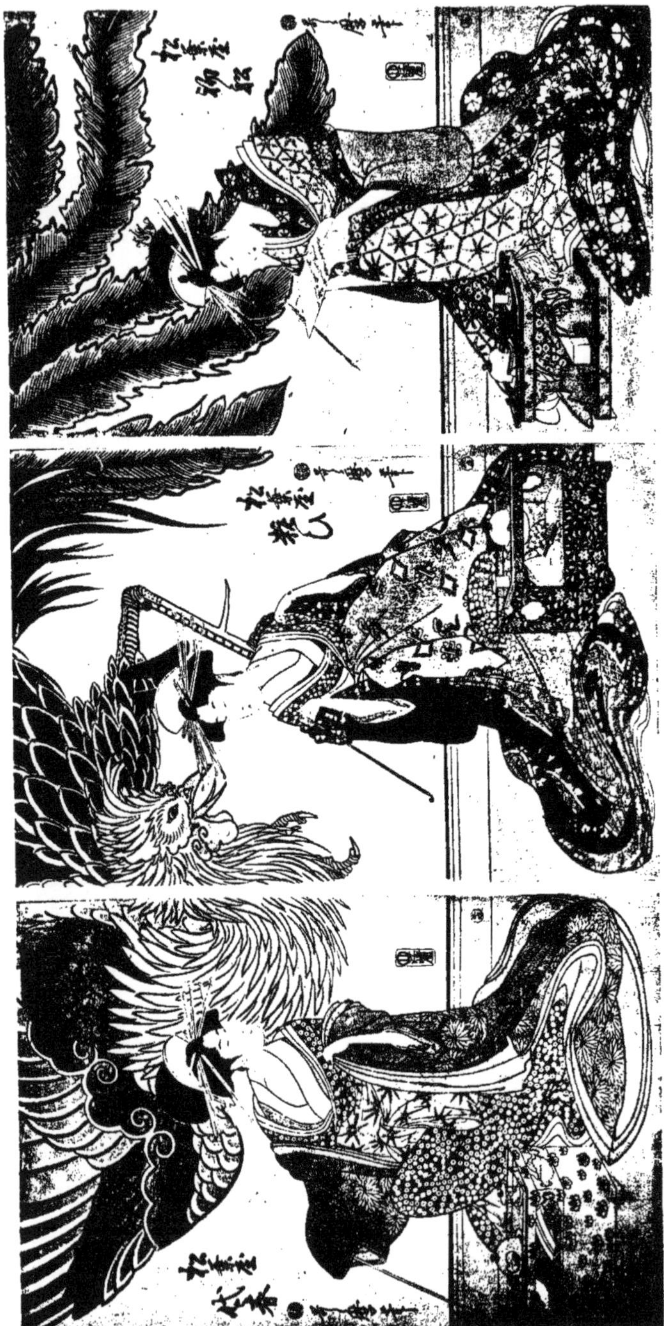

367. Diptyque. Deux barques, où se pressent de nombreuses jeunes
femmes contemplent une énorme baleine échouée
sur la grève.

368. Triptyque. Sur la terrasse d'une habitation, d'où la vue s'étend
sur un étang fleuri d'iris, de nombreuses jeunes
femmes sont groupées, les unes jouant du koto,
les autres lisant ou regardant des makemono.

369. Diptyque. Au pied d'un tertre sur lequel est perchée une chaya,
de gracieuses jeunes femmes portant des bottes se
reposent et fument leurs pipettes.

370. Oban. Une jeune dame examine la transparence d'un peigne
d'écaille blonde : derrière elle, le fusuma (paroi
mobile qui sépare deux chambres) est tendu d'un
cuir de Cordoue à large décor floral multicolore.

371. — Scène dans un palais de l'île Lyukyu : des personnages de style chinois, assis sur une terrasse au
bord des flots, collationnent.

372. — Scène dans un palais de l'île Lyukyu. Une princesse
regarde avec intérêt un makimono érotique : derrière elle une autre jeune dame qui regarde par-
dessus son épaule se cache pudiquement le bas du
visage avec son éventail.

> Cette planche et la précédente font partie d'un
> même triptyque dont il nous manque la
> feuille centrale. Planche rehaussée d'or.

373. — Filles du peuples arrêtées sur le pont Ryogoku et
regardant les barques passer, emportant de gracieuses courtisanes.

374. — Sur la poitrine de son amant Mohei, Osan vient
d'écrire « La vie d'Osan », et elle admire son
œuvre.

> Série Jitsu Kurabe Iro no Minakami. Foi mutuelle,
> source d'amour.

375. — Portrait en buste d'une jeune épouse de la classe
moyenne, prononçant quelques paroles qu'elle
accentue de menus gestes de ses doigts.

> Fond micacé, tirage postérieur.

376. Oban. Portrait en buste d'une courtisane tenant entre ses dents, un carré d'étoffe.

> Excellente épreuve, remicacée postérieurement.

377. — Jeune femme en buste, ses longs cheveux dénoués tombant sur ses épaules, un écran à la main.

378. — Buste d'une jolie courtisane, la tête inclinée, un écran à la main.

> Bonne épreuve, postérieurement remicacée.

379. — Jeune femme en buste, les cheveux dénoués, tombant sur un joli kimono rose à décor de fleurs de cerisier.

380. — Courtisane en buste, un écran à la main et fumant sa pipette.

381. — Yama Uba rasant sur la tête de Kintoki, l'enfant rouge, la largeur d'un ruban de cheveux.

382. — Kintoki, portant une lourde hache : derrière lui sa mère Yama Uba, vêtue d'une jolie robe décorée de pivoines, le contemple.

383. — Yama Uba donnant à manger à Kintoki dont la main maintient un gong.

384. — Kintoki, accroupi devant sa mère, élève à bouts de bras une sorte de renard. Dans un cartouche Kintoki, que sa mère contemple, terrasse un ourson.

> *Cachet :* Hayashi.

385. — Yama Uba tenant une hache, et donnant le sein à Kintoki.

386. — Kintoki, en danseur de No, s'agite au son d'un taïko que frappe un singe déguisé : Yama-uba contemple la scène avec attendrissement.

387. — Yama-uba et Kintoki, ce dernier tenant un moulin dont les palettes sont terminées par des ornements en forme de perle sacrée.

388. Uchiwaye. (Format éventail). Kintoki tirant à l'arc ; sa mère Yama Uba lui tend des flèches.

383
381
382

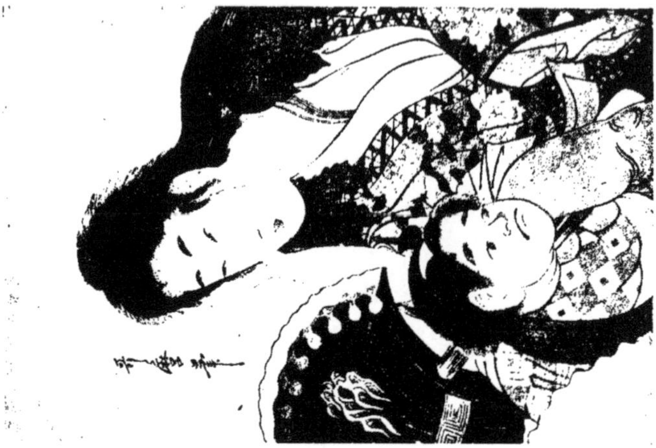

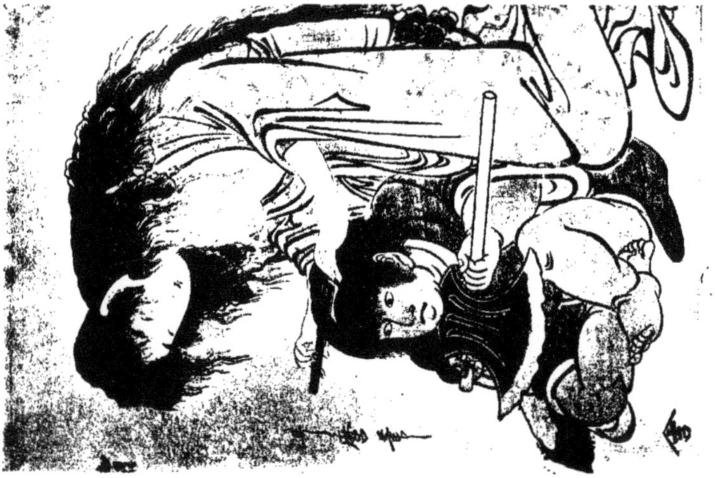

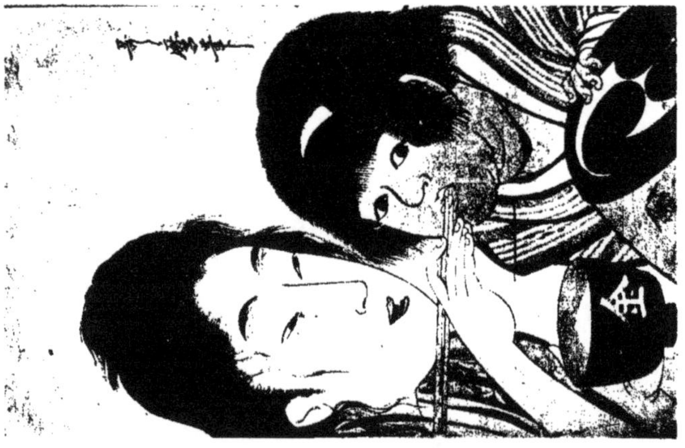

389.	Oban.	Le buste nu, une jeune femme se débarbouille à côté d'un baquet plein d'eau. Derrière elle, un paravent décoré des Sept Sages dans la forêt de bambou et sur lequel est posée une robe nouvelle.	*100.*
390.	—	Penchée sur un baquet plein d'eau, une jeune femme, le buste nu, termine sa toilette; cependant une de ses amis s'apprête à lui passer son kimono.	*55*
391.	—	Jeune maman donnant à téter à son bébé. Elle est assise devant son miroir, achevant de se coiffer : une jeune femme derrière elle, le kimono largement ouvert, contemple la scène.	*90*
392.	—	Série « Bijin Gomenso », face à main (cinq estampes de jolies femmes). Jeune femme soignant son chien.	
393.	—	Jeune femme étendue et lisant (même série).	
394.	—	Jeune femme, un crabe à la main, buvant (même série).	
395.	—	Jeune femme serrant avec ses dents, une cordelette autour de son poignet.	
396.	—	Courtisane en kimono vert, mordillant un carré d'étoffe.	
397.	—	Jeune femme lisant un makimono.	
398.	—	Deux jeunes femmes, en léger peignoir, au sortir du bain s'amusent avec un jeune chat qui a saisi le peignoir de l'une d'elles dont on aperçoit les jambes.	*58.*
399.	—	Couple d'amoureux échangeant une lettre : derrière une cloison un jaloux les observe.	
400.	—	Sujet similaire au précédent.	
401.	—	Jeunes femmes regardant une Odoriko (danseuse) coiffée d'un joli chapeau de fleurs (hanagasa).	
402.	—	Dame noble à cheval, et sa servante, passant en vue du Fuji.	*55*
403.	—	Jeunes femmes à leur toilette, l'une d'elles devant son miroir se maquillant les lèvres.	

404.   Oban.   Buste de fauconnier tenant un oiseau sur le poing.

406.   —   Sortie nocturne ; c'est l'évasion de Kamiya Jiheï, un marchand et de sa maîtresse Koharu, une geisha. De la série « Jitsu Kurabe Iro no Minakami » foi mutuelle, source d'amour.

407.   —   Jeune femme tendant respectueusement à son époux et maître, sa coiffure et son manteau.

408.   —   Jeune femme, la gorge nue, passant près d'une moustiquaire, derrière laquelle on aperçoit en transparence une autre jeune femme.

Cachet : Hayashi.

409.   —   Fuite de deux amants, par une nuit pluvieuse : ils tiennent tous deux le parasol qui les abrite.

410.   —   Jeune femme coiffant son ami, qui la surveille dans un miroir.

411.   —   Jeune femme présentant son sabre, à son ami qui renoue sa ceinture.

412.   —   Couple portant de larges chapeaux de paille à la main.

413.   —   Couple en buste portant des vêtements.

414.   —   Jeunes femmes fumant leurs pipettes.

415.   —   Trois acteurs promenant une énorme tête de dragon.

416.   —   Jeune femme aidant son ami à passer un kimono : un homme chauve les regarde.

417.   —   Jeune femme jouant du koto : une amie danse et un garçonnet les regarde.

418.   —   Jeune femme accroupie près d'un écritoire et écrivant.

419.   —   Orchestre de geishas : l'on ne voit la figure de l'une d'elles qu'à travers un store vert baissé.

420.   —   Seigneur jouant de la flûte dans un verger : une jeune femme qui passe, une lanterne à la main, s'arrête et écoute.

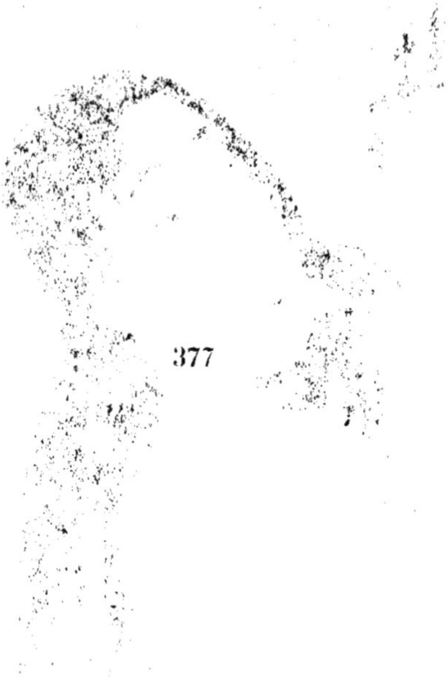

377

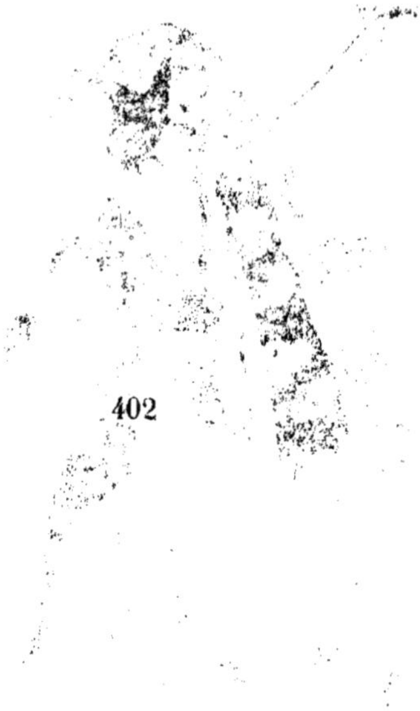

402

479

478

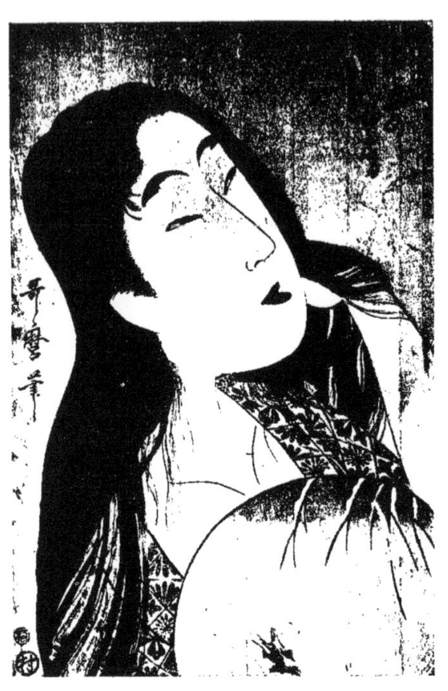

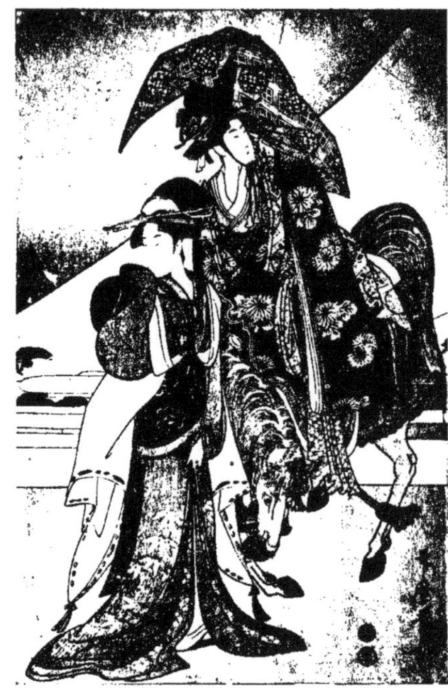

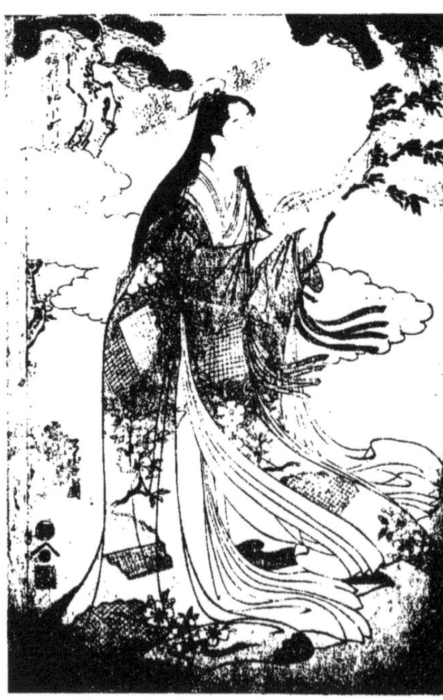

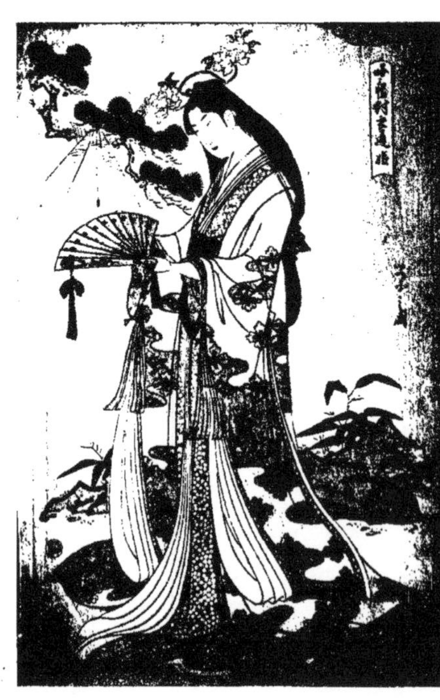

421. Oban. Trois jolies femmes richement vêtues sous des lampions rouges pendus à une glycine.

422. — Quatre garçonnets jouant aux dieux du bonheur : l'un d'eux, Daïkoku, s'interrompt pour téter sa mère.

423. — Trois jeunes femmes près d'un arbre fleuri.

424. — Servantes aidant une dame noble à sortir de son kaga.

425. — Servantes suivant le kaga de leur maîtresse, l'une d'elles portant une riche coiffure ciselée.

426. — Sur la grève de Taka-Sago, Jo et Uba regardent des enfants ramassant au lever du soleil des coquillages oubliés par la marée.

427. — Jeune mère donnant à téter à son bébé.

428. — Jeune femme accroupie près de sa table-toilette se maquillant les lèvres.

429. — Grincheux venant interrompre le rêve d'un couple d'amoureux.

430. — Trio d'acteurs jouant avec deux lanternes.

431. — Couple d'amoureux, elle dépliant un kimono.

432. — Couple d'amoureux accompagnés d'une jeune femme à la coiffure fleurie.

433. — Jeune homme abritant son amie qui rattache son obi, sous un large parasol.

434. — Deux jeunes femmes fumant leurs pipettes.

435. — Couple, lui portant une malle d'osier.

Cachet : Hayashi.

436. Petit Oban. Deux jeunes hommes revenant du bain.

437. — Deux jeunes femmes, l'une d'elles, tenant une pièce d'étoffe.

438. — Deux jeunes femmes, l'une d'elles, costumée, se rendant à une Niwaka.

Cachet : Hayashi.

439. Petit Oban.   Jeune femme épluchant un fruit.

440.   —   Couple d'amoureux en buste, sous le même parasol.

441.   —   Sujet similaire au précédent.

442.   —   Orchestre de musiciennes.

443.   —   Jeune femme s'apprêtant à peindre, observée par un jeune garçon ; une amie regarde un kakemono.

444.   —   La collation.

445.   —   Jeune fillette costumée en danseuse.

446.   —   Deux jeunes femmes sortant du bain, l'une d'elles regardant un kimono.

447.   —   Scènes d'acteurs, l'un d'eux dansant.

448.   —   Jeunes femmes et garçonnet devant un paravent.

449.   —   Deux jeunes femmes se promenant.

450.   —   Couple broyant du riz.

451.   —   Jeunes femmes traversant une passerelle au milieu des iris fleuris.

452.   —   Scène d'acteurs.

453.   —   Danseuse, accompagnée d'un cortège de renards.

454.   —   Jeunes femmes dansant.

455.   —   Jeune femme portant un arbre nain, accompagnée de deux jeunes garçons dont l'un tient une lanterne.

456.   —   Courtisane admirant sa nouvelle robe.

457.   —   Jeunes femmes lisant : l'une d'elles, séduite par sa lecture, s'est assoupie.

458. Grand Hosoyé.   Couple d'amoureux.

459. Petit Oban.   Enfant sur un bœuf, jouant de la flûte.

460.   —   Grue perchée sur un pin, près de son nid où s'agite une nombreuse couvée.

                                                Impression en noir.

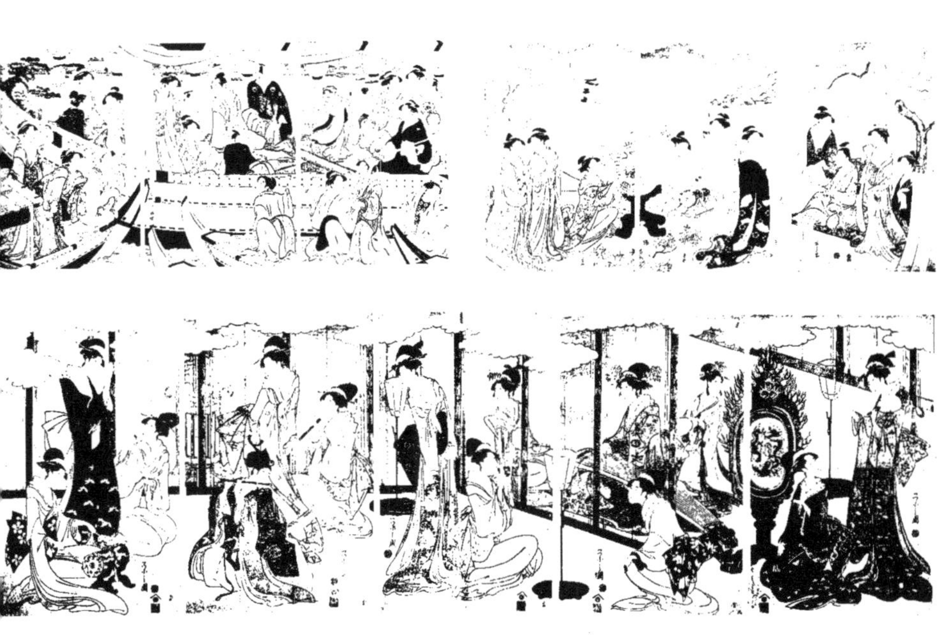

461. Petit Oban. Deux bambins chinois donnent la pâture à une famille
de grues.

Ce sujet évoque, par prétention, le dieu Fukuro-
kujiu, dont les enfants et les grues sont les compa-
gnons favoris.

Impression en noir.

462. Oban. Faucon perché sur une branche de prunier en fleurs.

Cachet : Kobayashi.

463. — Famille de grues, sur un pin, sur un tertre élevé.

464. — Une planche de l'ouvrage des « Cent crieurs ».

465. Chuban. Faucon perché sur une branche de pin.

Impression en noir.

466. — Carpe dans les herbes aquatiques.

Impression en noir.

467. — Tigre dans les bambous.

Impression en noir.

468. — Pêche aux cormorans.

469. Petit Chuban. Couple en buste. Deux planches.

470. — Buste de jeune femme à sa toilette.

471. Panneaux étroits. Faucon sur une branche de pin. Mésanges sur un
bambou.

Impression en noir.

TCHOBUNSAI YEISHI

472. Pentaptyque. Jeune noble jouant de la flûte, entouré d'un orchestre de jolies femmes, l'accompagnant de la flûte,
du shamisen, du koto, et du sho.

473. Triptyque. Jeune noble entourée de ses femmes, jouant de
divers instruments dont un tsuzumi.

474. — Jeune homme entourée par des femmes, près d'un
puits dans un jardin, au moment de la floraison
des cerisiers.

80   **475.**   Triptyque.   Sur les deux rives d'un cours d'eau sinueux, des jeunes filles de la noblesse se livrent, parmi la floraison des chrysanthèmes, au jeu poétique d'abandonner aux méandres d'un ruisseau des feuilles de plantes sur lesquelles elles ont tracé des vers.

80   **476.**   —   Trois planches d'un pentaptyque représentant de nombreuses jeunes femmes en barque sur la Sumida, près du pont de Ryogoka.

do   **477.**   Diptyque.   Intérieur d'une maison du Yoshiwara.

478.   Oban.   Jeune femme dans un jardin regardant une araignée tissant sa toile.

479.   —   Jeune femme dans un jardin attachant une poésie à un rameau fleuri.

480.   —   Courtisane allant « à la fleur » accompagnée de ses deux kamuros (Série des coupes à saké).

481.   —   Courtisane et ses kamuros (même série).

482.   —   Jeune femme descendant de sa voiture, et se promenant.

483.   —   Jeunes femmes et jeune homme autour d'un hibashi sur une terrasse au bord de la Sumida.

35   **484.**   —   Deux jeunes femmes et un jeune garçon jouant avec un jeune chat sur une terrasse au bord de la Sumida (Impression en noir).

YEISHO

230   **485.**   Triptyque.   Trois femmes assises dans l'intérieur d'une maison devant un paravent décorée d'un gigantesque oiseau de Hô.

60   **486.**   Oban.   Buste de courtisane contemplant une branche de pivoines épanouies.

90   **487.**   —   Buste de courtisane tenant à la main une coupe à saké et une pivoine fleurie.

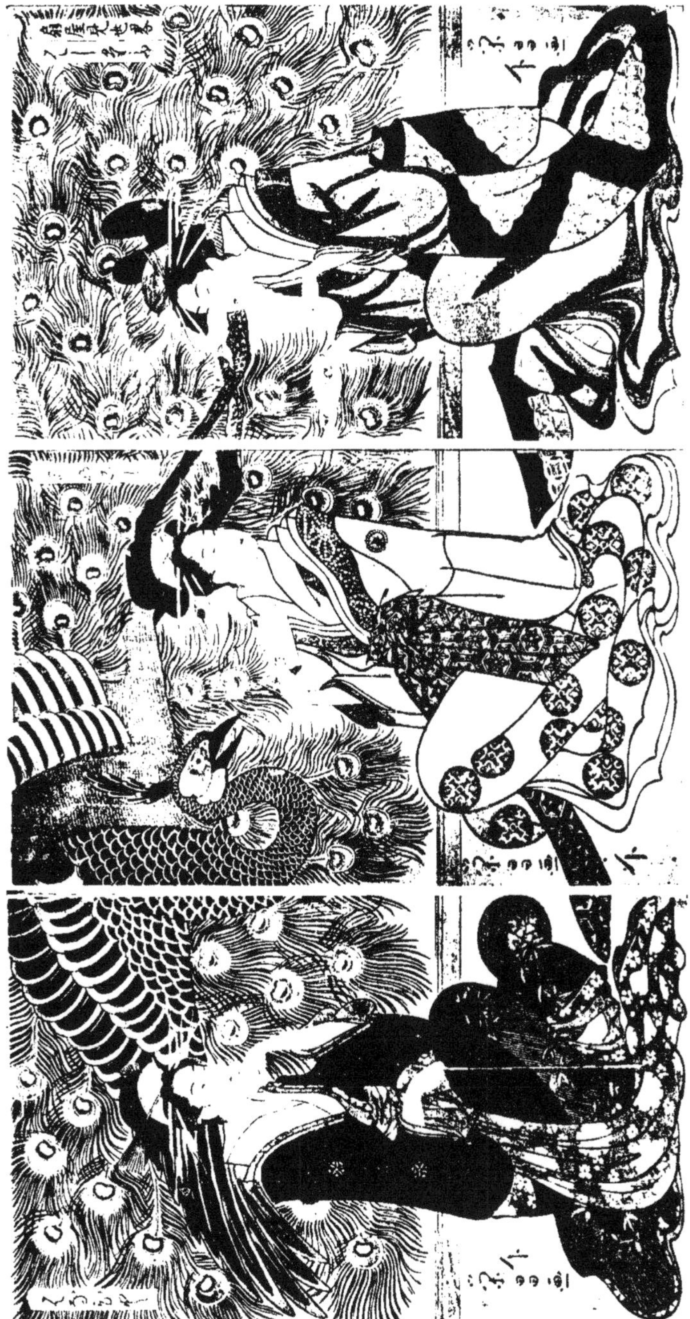

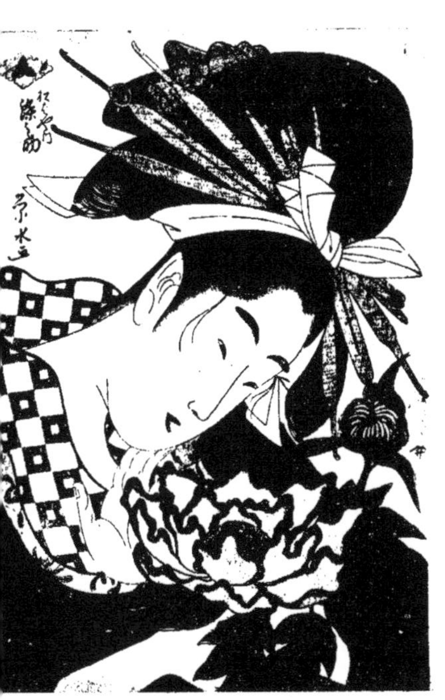

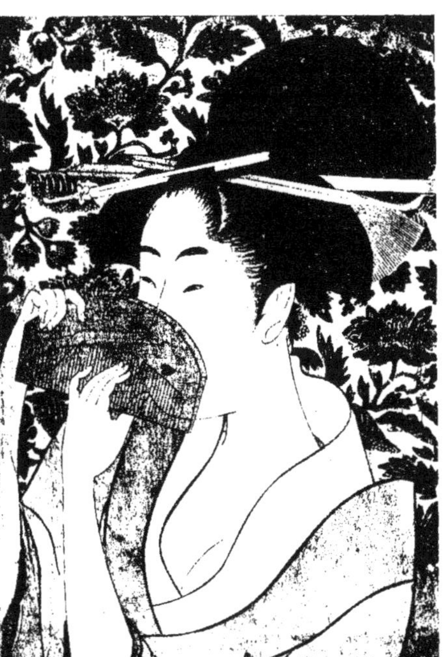

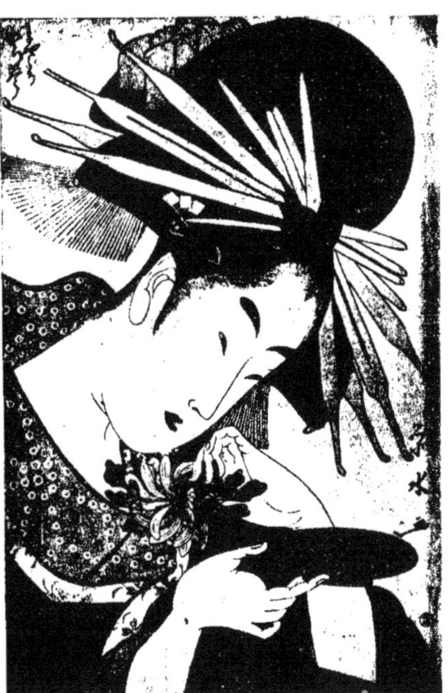

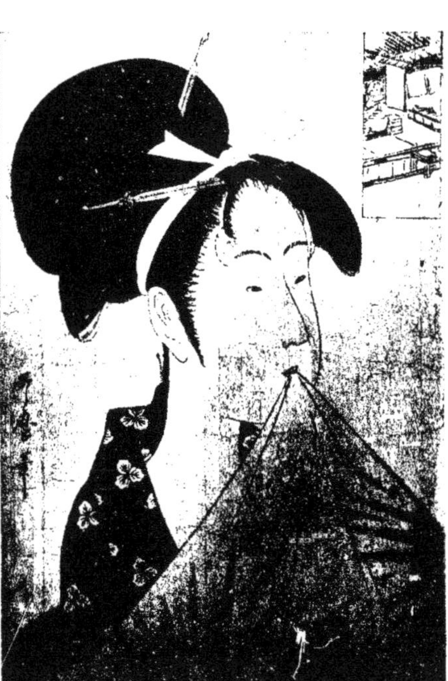

YEIRI

(Début du xixᵉ siècle.)

488. Triptyque. Dame noble à cheval, accompagnée de ses servantes passant en vue du Fuji.

489. — Dame noble, la robe décorée d'éventails, arrêtée sous un gigantesque pin au bord de la mer, et entourée de ses servantes.

490. Ohan. Servantes entourant un Norimono.

491. Chuban. Jeune femme s'abritant de la pluie rentrant, accompagnée d'un pêcheur, une lanterne à la main.

KUBO SHUNMAN

(Vers 1790.)

492. Oban. Les porteurs d'eau.

493. — Jeune femme blanchissant une pièce de linge ; à ses côtés deux jeunes femmes et un jeune homme la regardent.

494. — Jeune batteuse de linge dans la campagne.

KATSUSHIKA HOKUSAI

(1760-1849.)

Les trente-six vues du Mont Fuji.

495. **Ejiri**, province de Sunshu, par un jour de vent. Le Fuji vu au-dessus des rizières où promeneurs et porteurs luttent contre la tourmente. Dans le ciel volent chapeaux et papiers.

496. **Ono Shinden**, province du Sunshu (Suruga). — Le Fuji pointant à travers les nuages et la brume surmontant un marais vers lequel volent des grues : au premier plan des porteurs conduisant des bœufs, chargés de joncs.

497. Katakura Cha yen. — Les champs de thé de Katakura, dans la province de Suruga. Un Fuji tout blanc, éclaboussé de bleu, et au pied les champs où les femmes font la cueillette du thé, tandis que les hommes le rentrent à l'abri.

498. Fujimi hara, dans la province d'Owari : le Fuji encadré par le cercle d'un large tonneau où travaille un homme accroupi.

499. Koishikawa Yuki no ashita. — Un matin neigeux à Koishikawa, Yedo. Une femme, dans une maison de thé, montre aux voyageurs la campagne toute blanche et le Fuji.

500. Todo no ura. — Deux portiques, dans l'eau, où hommes et femmes ramassent des coquillages. Le Fuji vu au loin, sous l'un des tori-i.

501. Minobu gawa. — Le Fuji, vu des berges de la rivière Minobu, à travers des rocs escarpés. Sur la berge, des coolies conduisant des chevaux croisent un norimono.

502. Sen pu Kai sei. — Une belle journée et un vent du sud sur les flancs du Fuji, la partie inférieure couverte de pins, la partie supérieure embrasée et le sommet cravaté de neige : au ciel de longs nuages blancs.

503. Yama shita Shiro ame. — Les éclairs sur la montagne. L'aurore se joue sur le pic neigeux, le pied étant dans l'ombre, déchirée par l'éclair. Au ciel des nuages moutonnent.

504. L'ascension du Fuji. — Un parti de pèlerins escalade les flancs du Fuji, en s'aidant d'échelles, se dirigeant vers une grotte où quelques-uns d'entre eux sont déjà prosternés.

505. Ushibori, dans la province de Hitati. Le Fuji s'élevant au-dessus d'une ceinture de joncs ; une grande barque au premier plan, à demi dissimulée par la berge.

506. Suwa, lac dans la province de Shinano, dans la quiétude du jour couchant ; au premier plan une petite hutte perchée sous deux grands pins.

507. Totomi Sanchu. — Le Fuji vu des collines de Totomi à travers les tréteaux qui supportent un tronc d'arbre sur lequel des scieurs sont à l'ouvrage.

508. Onden mizu Kuruma. — Le Fuji, de la roue à aubes de Onden. Au premier plan une femme lave des légumes, tandis qu'une autre

porte un baquet. Un enfant traîne une tortue attachée par une
corde et qu'il veut baigner.

509. **Inume toge Kai-Koshu**. — Le Fuji, vu des coteaux de Inume, la
base cachée dans la brume, le sommet marron, puis bleu, vers la
pointe couverte de neige.

510. **Misaka**. — Le Fuji se reflétant dans le lac Misaka, par une claire
matinée de printemps.

511. **Mishima**. — Vue de la vallée de Mishima, dans la province de
Kahi, la montagne toûte bleue, garnie de nuages blancs en forme
d'un dragon. Au premier plan, un grand pin dont trois hommes
se tenant par les mains essaient de mesurer la circonférence.

512. **Isawa**, au jour naissant. La montagne, éclairée au sommet,
plonge encore dans l'obscurité. Au premier plan, un village que
traverse un parti de voyageurs.

513. **Kanazawa oki nami ura**. — La grande vague à Kanazawa, s'élevant terrible et menaçante, tentant d'engloutir deux barques.

514. **Tokaido Hodogaya**. — Le Fuji vu de Hodogaya, l'une des stations du Tokaido, à travers une rangée de pins bordant la route.
Au premier plan un homme conduisant un cheval et deux porteurs avec un norimono.

515. **Tokaïdo Yoshida**. — Une maison de thé, à Yoshida, sur la route
du Tokaïdo, une des servantes montrant à deux visiteuses le pic
neigeux. Au premier plan, un des porteurs frappe sa sandale pour
l'assouplir.

516. **Tokaïdo Kanaya**. — Le Fuji vu de la berge, à Kanaya, où des
porteurs traversent le gué portant des gens sur leurs épaules ;
une forte équipe traverse des norimono.

517. **Tokaïdo Tago no rura riaku dzu**. — Le bord de la mer à Tago,
près de Yejiri, l'une des stations du Tokaïdo. Le Fuji tout bleu,
poudré de blanc, s'élève derrière de verdoyantes collines, au
dos d'un village. Au premier plan deux grandes barques de
pêcheurs.

518. **Enoshima**. — Un petit « pâté » de maisons, entouré de bois, et la
pagode de Benten s'élèvent au-dessus des arbres. La foule traverse le gué, et le Fuji se détache au loin.

519. **Nakabaru Soshu**. — Vue de Nakabaru, province de Soshu (Sagami). Des porteurs traversant une passerelle, près d'un reliquaire bouddhique. Au lointain le Fuji, coiffé de neige.

520. **Soshu Shichiri-ga-hama**. — Shichiri-ga-hama, dans la province de Soshu (Sagami). Un paysage bleuté, planté de jeunes pins et de grands arbres, et au loin un Fuji blanc flanqué de curieux nuages.

521. **Umesawa**, dans la province de Sagami. Impression en bleu et vert. Un vol de cigognes, deux d'entre elles se dirigeant vers la montagne bleutée, s'éclairant vers le sommet.

522. **Honjo Tatsukawa**. — Le Fuji, vu des chantiers à Honjo, Yedo, s'élevant au milieu des perches : sur la gauche deux hommes empilent des bûches pour les faire sécher.

523. **Mannenbashi Fukugawa**. — Le Fuji, vu à travers les piles du pont Mannen, qui enjambe en demi-cercle la rivière Fuku.

524. **Go hyaku Rakan-ji Sazaido**. — Le Fuji, de la pagode des Cinq Cents Rakkan, à Yedo. Des hommes et des femmes appuyés sur la balustrade attendent le lever du soleil sur le pic neigeux, qui pointe au-dessus du brouillard du lac.

525. **Aoyama Matsu**. — Le Fuji à travers les pins de Aoyama. Un groupe est en train de pique-niquer sur les coteaux, admirant la montagne qui s'élève fièrement au-dessus du vieux pin dont les branches sont étayées.

526. **Shimo Meguro**, un petit village dans les collines près de Yedo, d'où la corne du Fuji est à peine visible à l'horizon. Une femme et deux fauconniers animent le paysage.

527. **Senju**. — Faubourg de Yedo, où deux hommes sont en train de pêcher, tandis qu'un troisième conduisant un cheval qui a besoin d'être ferré, admire le coucher du soleil sur le pic fameux.

528. **Tsukuda Jima**. — Une île à l'embouchure de la Sumida avec le Fuji s'élevant derrière une rive verdoyante. Au premier plan une barque chargée de balles de coton et de nombreuses embarcations.

529. **Musashi Tamagawa**. — La rivière Tama, dans la province de Musashi ; un bateau, chargé de fagots, traverse le courant ; sur la rive un cheval chargé de bois ; le Fuji, les flancs bleus, la calotte neigeuse, émerge d'un épais brouillard.

530. **Toto Sumidagawa Gotenyama no Fuji**. — Le Fuji, vu de Gotenyama, à travers la rivière Sumida. Des groupes nombreux escaladant les collines au moment des cerisiers en fleurs pour aller admirer le Fuji.

531. **Yeto Suruga cho Mitsui Mire**. — Les magasins de Mitsui, le grand courtier de la rue Suruga, à Yedo, avec le Fuji, s'élevant entre deux toits, sur l'un desquels des hommes réparent des tuiles. Au ciel des cerfs-volant.

532. **Suruga daï**. — Une colline pittoresque au centre de Yedo, d'où l'on aperçoit le Fuji au-dessus des toits. Au premier plan, des porteurs lourdement chargés.

533. **Toto Asakusa Hongwan-ji**. — Le Fuji, vu du temple bouddhique de la secte Monto, Hongwan-ji à Asakusa, Yedo, des ouvriers réparant le toit de l'une des tours. Au loin des échafaudages de pompiers.

534. **Ryogoku bashi**. — Le Fugi, vu le soir, à l'extrémité du pont de Ryogoku. Au premier plan un bac chargé de nombreux passagers.

535. **Sumida Sekiya no Sato**. — Le village de Sekiya, sur les rives de la Sumida, avec le Fuji, flamboyant au soleil levant. Au premier plan trois cavaliers galopant contre le vent.

536. Une épreuve en double.

Série des ponts.

Série intitulée « Shokoku Meikio Kiran », vue des Ponts de différentes Provinces, publiée vers 1827-1830.

537. **Yamashiro, Arashiyama, Togetsu kyo**. — Le Pont de la Lune à Arashiyama, dans la province de Yamashiro. Un pont de bois sur des madriers, devant un horizon de hautes collines : sur les berges des pins et des cerisiers en fleurs. Sur la rivière un radeau.

538. **Kozuke, Sano, Funa bashi Fuyu**. — Le pont de bateaux de Sano, dans la province de Kozuke. Le pont couvert de neige est courbé par le courant violent. Sur la berge, un grand pin abrite une maisonnette.

539. Guido san, Kumo Kake bashi. — Le pont d'araignée, à Guido san, Ashikaga, province de Shimotsuke. Légère passerelle de bois jetée sur de hauts rochers. Un grand nuage blanc descend en serpentant dans la vallée.

540. Hida, Etchu, Tsuru bashi. — Le pont suspendu de Hida, et Etchu réunissant les deux provinces : passage effroyable à traverser, fait de bambous et de cordes. Un homme et une femme lourdement chargés de riz en tentent cependant le passage.

541. Tokaïdo, Okazaki, Yahagi no bashi. — Le pont Yahagi à Okazaki, sur la route du Tokaïdo. Un pont très élevé enjambant une rivière presque à sec, dans le lit de laquelle des archers s'exercent à tirer.

542. Kameido Teryin Taiko bashi. — Le pont d'accès du Temple de Teryin, à Kameido, Yédo. Un pont demi-circulaire près d'une terrasse de pins.

543. Ajikawa guchi, Tempozan. — Les ponts de la rivière Aji, à Tempozan, Osaka. De jolies collines, au printemps, couvertes de cerisiers en fleurs.

544. Echizen Fukui bashi. — Un pont réunissant deux districts de la même province, construit mi en pierre, mi en bois, par les daymios respectifs, dont l'un était riche et l'autre pauvre.

545. Mikawa, Yatsubashi. — Le pont en huit parties dans la province de Mikawa, serpentant au milieu des iris en fleurs.

Série des Cascades.

Série intitulée « Shokoku Takimeguri »,
voyage au pays des Cascades, éditée vers 1827.

546. Kirifuri no taki. — La chute Kirifuri, ou de la « Rosée qui tombe » : vraie cascade s'éparpillant de rocs en rocs. Quelques hommes arrêtés la contemplent pendant que deux des leurs montés dans les rochers, se penchent sur l'abîme.

547. Kiyo taki. — La chute Kiyo, ou cascade pure ; large nappe d'eau tombant verticalement entre deux maisonnettes, d'où plusieurs voyageurs arrêtés l'admirent.

548. **Yoshitsune uma araï no taki**. — La chute du cheval de Yoshitsune, à Yoshino, dans la province d'Izumi : allusion à la légende voulant que le fameux guerrier Minamoto no Yoshitsune lavât son cheval dans cette eau. Deux porteurs lavant un cheval rouge.

549. **Kiso Amida no taki**. — La chute d'Amida, dans la province de Kiso, tombant d'une brèche ronde, dans le rocher, qui ressemble à une tête de Bouddha. Sur un rocher à gauche trois hommes pique-niquant.

550. **Soshu Oyama, Roben no taki**. — La chute Roben, d'après le nom du fondateur du temple Todaïjï, à Oyama, dans la province de Soshu. La nappe tombe dans une cavité où se baignent de nombreux coolies.

551. **Mino, Yoro no taki**. — La chute Yoro, dans la province de Mino. Une nappe d'eau verticale tombant derrière un rocher sur lequel est perchée une maisonnette où plusieurs visiteurs se reposent.

Série des Cent Poètes.

Intitulée « Hiakunin Isshu Ubagawa Yetoki »,
les cent poèmes expliqués par la nourrice.

552. **Poème par Ten-Chi Tenno**. — Scène d'automne dans la rizière, les paysans se hâtant de rentrer les récoltes.

553. **Poème par Kaki no Moto Hito Maru**. — Des hommes halant un lourd filet à travers un courant de montagne ressemblant à une queue de faisan, au petit jour. Le feu est allumé pour préparer le repas.

554. **Poème par Yamabe no Nakahito**. — Le sentier sur la colline, dans la baie de Tago, en Suruga, où un groupe de voyageurs se hâte de monter pour admirer le Fuji, blanchi par une récente neige.

555. **Poème par Abe no Nakamaro**. — Envoyé en Chine, pour y découvrir le secret du calendrier chinois, il fut démasqué par l'Empereur et condamné à mourir de faim. Du haut d'un rocher, il contemple tristement la lune, se demandant si jamais elle l'éclairera dans son pays natal de Kasuga. Il est entouré d'officiers pleins de déférences pour lui, mais observant cependant les ordres de l'Empereur.

556. **Poème par Chunagon Yakamochi**. — Deux hommes sur une jonque observent le vol de trois pies, présage heureux pour les amoureux qui doivent s'épouser le septième jour du septième mois suivant cette rencontre. La jonque est ancrée à une curieuse côte rocheuse, se terminant au pied du Fuji.

557. **Poème par Minamoto no Muneyuki**. — Scène de neige ; près d'une hutte autour d'un grand feu, des hommes se réchauffent les mains : la pensée du poëte est que la solitude de l'hiver est plus grande encore lorsque les amis sont partis et la nature cachée sous la neige.

558. **Poème par Onakatome Yoshinobou**. — Assis, solitaire sur un roc dominant la plaine brumeuse, il songe à son amour qui brûle en son cœur comme brûle devant la porte impériale le foyer que six gardiens ne doivent jamais cesser de surveiller.

559. **Poème par Dainagon Tsunenobou**. — Une route à flanc de coteau dominant la rizière, à travers laquelle de nombreux coolies portant des norimono se hâtent dans la première clarté du matin.

Kanatehon Chiushingura.

560. Série complète en onze planches en largeur relatant les principaux épisodes de la lutte des Fidèles Ronins. Petit format largeur.

561. Trois planches de la même série. Grand format largeur.

562.   F. haut.   Carpe dans le courant.

Signé : Taïto.

563.   F. larg.   Personnage coréen à cheval, accompagné de serviteurs l'abritant de l'averse.

564.   —   Jeune femme et ses servantes, en promenade près d'une tonnelle de glycines.

565.   —   Jeune garçon assis sur un bœuf, jouant de la flûte ; allusion au Sennin Wang Tsze Kiao, dont c'était la pose favorite : derrière le bœuf suivent deux jeunes femmes, l'une fumant, l'autre portant une lourde hotte toute fleurie d'iris.

566.   —   Scène des Ronins (deux planches).

567.	F. larg.	Les blanchisseuses.	
568.	—	Jeunes femmes près d'une roue à aube.	
569.	—	Jeunes femmes goûtant et accrochant des poésies aux branches d'une glycine.	
570.	—	Scène du Chiushingura.	
571.	—	Promenade populaire (deux planches).	
572.	F. haut.	Le pont aux singes.	
573.	Triptyque.	Cortège au milieu des rochers.	
574.	F. haut.	Yebisou, perché sur un rocher, halant une carpe.	
575.	—	Personnage dévorant avidement une branche de fruits.	
576.	—	Chasseur d'oiseaux.	
577.	—	Manzaï dansant.	
578.	—	Montreur d'animaux et singe.	
579.	—	Nid de grues sur un pin, au soleil couchant : réunion des symboles de la félicité « sho skikou baï ».	
580.	—	Chat sous une branche fleurie.	

Série des Apparitions.

581.	Chuban.	Série complète : Cinq planches en bon tirage.
582.	Chuban Yokoyé.	Paysage de style européen. Premier essai d'Hokusaï voulant rendre la perspective et les ombres.
583.	—	Le Fuji sous le pont Bori.
584.	—	Paysage de style hollandais.
585.	Chuban.	Personnage broyant des navets. Impression en bleu.
586.	—	Tortues dans le courant.
587.	—	Moso à genoux dans la neige contemplant une gigantesque pousse de bambou.

588. Chuban Yokoyé. Jeunes femmes dans la campagne passant en vue
du Fuji.

589. — Deux planches diverses.

590. Hosoyé. Acteur.

591. Form. Yokoyé. Daïkoku et Yebisu à plat ventre et lisant.

592. Chuban. Quatre planches de fleurs et oiseaux.

SHOTEI HOHUJU

593. Chuban Yokoyé. Neuf planches. Yedo Meisho.
Barques quittant le port. — L'entrée du temple. —
Vue du canal. — Le bac. — Promenade au bord du
lac. — Le temple au bord de la mer. — Passages
des vagues de fond. — Maisons de thé. — Côte
rocheuse.

594. Uchina. Deux vues de pluie.

KEISAI YEISEN
(1792-1848.)

595. Grand Hosoyé. Faucon sur une branche de pin couverte de neige
guettant un moineau.

596. Koban. Lapin sous une touffe fleurie.

597. — Fleurs et oiseaux (deux planches).

OUTAGAWA KUNISADA
(1786-1865.)

598. Triptyque. Scène dans les coulisses d'un théâtre.

599. Oban. Portrait d'acteur, en buste, une branche fleurie entre
les dents, fond micacé.

600. Oban. Huit planches d'acteurs.

601. Chuban Yokoyé. Promenade au temps des cerisiers en fleurs.

UTAGAWA KUNIYOSHI

(1797-1861.)

Série des trente-six vues du Fuji.

602. Chuban Yokoyé. Les pêcheurs au filet : à travers les mailles du filet   *120* apparaît le Fuji.

603. — Personnages sur une berge élevée contemplant le Fuji qui émerge des brumes du matin.

604. — Barque chargée de ballots de riz passant sous un pont entre les piles duquel s'élève le Fuji.

605. — Exemples d'amour filial chinois. Quatre planches : Les pousses de bambous. — Les éléphants. — L'allaitement. — Les deux vieillards.

606. — Le prêtre Nichiren menacé par deux guerriers.

607. — Vue du lac Biwa.

608. — L'attaque du palais de Kira par les Fidèles Ronins.

609. Série de Toto meisho. Quatre planches.   *50*

610. Triptyque. Scène de guerriers sur un roc escarpé.

611. Diptyque. La foule sur le pont de Ryogoku contemplant le feu d'artifice.

612. Oban. Quatre planches d'acteurs.

613. — Deux planches d'apparitions monstrueuses.

614. — Onze planches de la scène des « Héros Japonais ».

HIROSHIGE

Tokaido Goju San Tsugi. Les 55 stations du Tokaido.

615. Chuban Yokoyé. Vingt-sept planches de cette série, illustrant la route   *20* du Tokaïdo, du Pont de Nihon à Tokyo jusqu'à Kyoto.

4

616. Chuban Yokoyé. Yedo meisho. Vues célèbres de Yedo. Sept planches, dont celles de l'arc-en-ciel « Shiba, Atago San ».

617. — Toto meisho. Treize planches.

618. — Série des soixante-neuf stations du Kisokaïdo, la route intérieure entre Yedo et Kyoto. Quatorze planches.

619. — Yoshitsune Ichi Dai Dzu Ye. Incidents de la vie de Yoshitsune, trois planches :
Tokiwa Gozen fuyant à travers la neige.
Leçons d'escrime avec le Tengu.
L'attaque de nuit à Mikusa Yama.

620. — Honcho Meisho. Vue du Fuji, 1 planche.

621. — Kyoto meisho. Le temple de Gion sous la neige.

622. Oban. Trois planches : scènes de neige.

Omi Hakkei. — **Les huit vues de la province d'Omi**.

Dans un cartel en couleurs, une poésie. — Editeur Yeisendo.

623. Seta. Coucher de soleil. Le grand pont enjambe le lac, tout bleu, dans la brume du soir.

624. Katada. Les oies sauvages. De hautes collines sombres, noyées dans un ciel d'or. Au premier plan, des barques au retour de la pêche.

625. Ishiyama De hautes collines encerclent le lac que traverse un pont. Sur la gauche un temple dans les rochers, au clair de lune.

626. Hira. La neige épaisse sur les flancs du mont Hira. Harmonie de blancs et de gris, sauf le lac très bleu.

627. — Une autre épreuve.

628. Mii. De hautes collines boisées d'où émergent les toits du temple Mii, la vallée disparaissant dans le brouillard.

629. Yabashi. A la tombée du jour les barques rentrent à l'ancre, dans le lointain une haute montagne émerge des nuages.

630. Yabashi. Une autre épreuve.

631. Awazu. Après le typhon, dans l'atmosphère qui s'éclaircit les barques sortent, toutes voiles dehors. A l'horizon de hautes collines s'estompent dans la brume.

Settsu Gekka. — Les trois amis du poète.

632. La neige. Temple dans une petite ile, vers lequel se dirige un personnage vêtu d'un ample manteau. Le blanc du paysage tranche sur le bleu vigoureux du lac.

633. — Une autre épreuve.

634. La lune. La rivière Tama, où se voient sous les saules de nombreux pêcheurs. Au ciel la pleine lune.

Série de triptyques.

635. **Les Rapides de Awa no Naruto**. — Vue des rapides dans le détroit séparant l'île de Skikoku de l'île Awaji, une des entrées vers la mer intérieure près de Kobe.
Daté au cachet, quatrième mois de l'ère du serpent 1845.

636. **Vue de Kanazawa**. — Dans le Musashi, au clair de lune. Le détroit de Kanazawa, dans la baie de Tokyo, nous montre un joli panorama terrestre et maritime. Entouré par de hautes collines, le passage resserré par de nombreuses îles, ressemble à un lac immense.
Daté au cachet, septième mois de l'ère du serpent 1845.

637. **Kisoji no Yama Kawa**. — De hautes montagnes couvertes de neige, entre lesquelles circule, violent et impétueux, un courant aux eaux bleu foncé.
Daté au cachet, huitième mois de l'ère du serpent 1845.

Série des poissons.

638. **Taï**. — Brème de mer.

639. **Katsuwo**. — Bonito.

640. **Bora**. — Mulet.

641. **Awabi et Sayori**. — Oreille de mer et Sajori Hemirhampus.

642. **Kurodaï et Kodaï**. — Variétés de brêmes.

643. **Ise-ebi et shiba-ebi**. — Homard et crevettes.

644. **Asago et Buri**.

645. **Hobo et Kareï**. — Sole et Persistelhus Orientalis.

646. **Kochi**.

647. **Kuruma-ebi et Aji**. — Ecrevisse et maquereau.

648. **Tobi-uwo et Ishimachi**. — Poisson volant et ?

649. **Shimadaï et Ainame**. — Brême et Chirus Hexagrammus.

650. **Hirame et Mebaru**. — Limande et ?

651. **Suzuki et Akadaï**. — Brême rouge et Percalabrax Japonicus.

652. **Kisu Amadaï**. — Latylus argenté et ?

653. **Ako**. — Sebastes matsubarae.

654. **Inada et Fugu**. — Seriola à cinq raies et Genirs Tetrodon.

655. **Koï**. — Carpe.

656. Cinq épreuves en double.

657.   Koban.   Trois tortues dans un cours d'eau.

658.   —   Deux tortues marines (Impression en noir).

659.   —   Quatre planches de poissons.

660.   Uchina.   Carpe remontant un cours d'eau.

661.   —   Petit Tokaido. Trois planches.

662.   —   Vues du Fuji. Une planche.

663.   —   Séries diverses. Huit planches.

664.   —   Fleurs et oiseaux. Neuf planches.

665.   Tanjaku.   Nom sous lequel les Japonais désignent les estampes en hauteur d'un format très étroit, sur lesquelles sont écrites des poésies, — deux planches de fleurs et d'oiseaux.

666. Kakemonoye. Les monts Kiso sous la neige. La seule note de couleur est donnée ici par les eaux bleues du torrent coulant au fond du ravin.

HIROSHIGE II

667. Chuban. Yedo meisho. Vingt-sept planches diverses des environs de Yedo.

668. — Série des soixante-six provinces du Japon. Dix-huit planches diverses.

669. — Shukoku meisho. Huit planches de la série des vues de divers pays.

670. — Cinquante-trois stations du Tokaïdo. Six planches diverses.

671. — Série des vues du Fuji. Quatre planches.

672. — Vues du lac Biwa. Une planche.

673. — Série des six Tamagawa (six rivières du Japon). Les six planches.

674. Triptyque. Paysage sous la neige.

KATSUKAWA SHUNZAN

675. Chuban. Personnage armé de deux sabres arrêtant un individu coiffé d'épis de paille.

676. Koban. Jeunes enfants jouant avec des chiens.

677. — Deux impressions en noir : danseurs.

GAKUTEI
(Début du XIXᵉ siècle.)

678. Koban. Série des huit vues de la province de Omi. Sept planches.

SHUNSEN

679.   Koban.   Vues du lac Biwa. Deux planches.

SEKKIO

680.   Koban.   Vues de Chine. Quatre planches.

TCHOKI

681.   Koban.   Vues de la Sumidagawa. Quatre planches.

GOGAKU OU GAKOUTEI

Élève de Hokkeï.

682. Oban Yokoyé. Le navire dans la rafale.

KITAO KEISAI MASAYOSHI

683. Oban Yokoyé. Cinq planches de fleurs et oiseaux.

SHIKO

684.   Oban.   Jeune homme regardant son amie en train de coudre
un vêtement.

TORIN

685. Chuban Yokoyé. Jeune femme sous la pluie, se préparant à entrer
dans une chaya où deux hommes accroupis jouent
au gô.

KIKUMARO

686. Grand Hosoyé. Guerrier, une lance à la main, accompagné d'une
jeune femme.

HOSOYÉ D'ACTEURS

687. Une importante collection d'hosoyé d'acteurs par Torii Kyomasou. —
Torii Kyomitsu. — Torii Kyotsune Shigenaga. — Kiyonaga. —
Harunobou. — Koriusaï. — Buntsho. — Toyokuni. — Shin Kira-
kou. — Massanobou. — Shigemasa. — Minimaro. — Shinko. —
Non signés.

(Seront divisés.)

NAGAYÉ

688. Un lot d'estampes format nagayé.

(Seront divisés.)

(DIVERS)

689. Masanobu.
  Koban.   Trois planches de femmes.

690. Bunki.
  Koban.   Jeune femme et son serviteur sous la neige.

691. Kiyomine.
  Koban.   Acteur et jeune femme portant une coiffure.

692. K. Masayoshi.
  Koban.   Jeune femme s'embarquant sur la Sumida.

693. Okugwa.
  Koban.   Daïkoku soulevant un énorme navet.

694. Shigemasa.
  Koban.   Quatre planches de jeux d'enfants.

695. Inconnu. — Paysage sous la neige.

696. Kuraku. — Rat dansant.

697. Hidemaro. — Singe et son petit sur un arbre, s'efforçant d'atteindre le reflet de la lune.

698. Kozan. — Deux jeunes chiens.

699. Bunsei. — Paysage sous la neige.

700. — Un lot d. ampes de formats divers par Shunteï, K. Masayoshi, Sadahide, . hitora, Hokkei, Kunyeï, Yeizan, Shuntcho, Kuniyasu, etc.

701. — Un lot de caricatures diverses.

SURIMONOS

702.　Hokusaï.　Treize surimonos divers.

(Seront divisés.)

Dieux du bonheur assemblés sur une terrasse fleurie.

703.　Hokuba.　Femme et enfant regardant un paysan broyant des navets.

704.　Hokuga.　Pèlerin en extase agenouillé devant le Fuji.

705.　Hokuju.　Femme debout près d'un écritoire.

706.　Hokkeï.　Ecritoire et coupe laquée.

707.　—　Deux aubergines dans une corbeille.

708.　—　Homard sur une bûche.

709.　—　Ecrans et éventails.

710.　—　Guerrier près d'une jardinière fleurie.

711.　—　Guerrier, devant un écran, tenant un enfant.

712.　—　Guerrier au long nez et aux cheveux blancs debout près d'un coq et d'une poule.

713.　—　Personnage frappant un gong.

714.　—　Personnage jouant de la flûte.

715.	Hokkeï.	Personnage, une torche à la main, sautant entre les vagues.
716.	—	Corbeau devant le disque du soleil.
717.	—	Coq devant un écran, décoré d'un coq.
718.	—	Personnage lisant, assis sur le dos d'un bœuf accroupi.
719.	—	Tortue et ses petits.
720.	—	Couple de paons devant une cascade.
721.	—	Kintoki et sa carpe remontant une cascade.
722.	Gakuteï.	Vase, bol et branche de cerisier en fleurs.
723.	—	Crabe et branche de cerisier.
724.	—	Pin devant le soleil. Sennin chevauchant un dragon.
725.	—	Femme accroupie et lisant.
726.	—	Boîte, écritoire et éventails.
727.	—	Noble personnage dans un large fauteuil.
728.	—	Jeune femme près d'un porte-kimonos.
729.	—	Guerrier, un arc à la main, chassant un tigre.
730.	—	Noble personnage et jeune femme jouant au « gô ».
731.	—	Guerrier, une lance à la main, sur un cheval emporté.
732.	Kunisada.	Bœuf, vu de dos, couché sous un saule.
733.	—	Tigre en quête d'une proie.
734.	—	Personnage combattant un tigre.
735.	Kuniyoshi.	Jeune femme accroupie et chat.
736.	—	Jeune femme dans la neige au bord de la rivière.
737.	Kuninao.	Boîtes et coupes.
738.	—	Pêcheuse d'awabi.
739.	Kunimaro.	Bambou devant le soleil couchant.
740.	Toyo hiro.	Ecrans décorés de paysage.
741.	Kuni Kane.	Hoteï dans son sac.

ESTAMPES DIVERSES

748. Outamaro.
Oban. Jeune femme sortant du bain, mi-vêtue d'un peignoir, elle est accroupie en face de son miroir et joue avec un chien. Une servante l'évente.

749. Oban Yokoyé. Trois planches diverses.

750. Kyonaya. Trois très beaux nagayé.

751. Oban Yokoyé. Six planches diverses.

752. Harunobu.
Chuban. Couple sur une terrasse au bord du ruisseau.

753. — Jeune homme dans une chaya, lutinant la servante.

754. Koriusaï.
Chuban Yokoyé. Couple assoupi près d'un tobacobon rêvant.

755. — Couple regardant un livre érotique.

756. — Deux jeunes femmes et un jeune homme devant un paravent.

757. — Couple sur une terrasse par un temps de neige.

758. — Couple devant un kakemono à décor de grues.

759. — Sujet similaire au précédent.

760. — Jeune homme et musicienne.

761. — Couple près d'une lanterne.

762. Oban Yokoyé. Deux planches diverses.

763. Schuncho.
Oban Yokoyé.   Six planches diverses formant suite.

764. Koriusaï.
Chuban.   Huit estampes diverses.

765.   Hokusaï.   Quatre surimonos.

766.   —   Quatre très belles planches, colorées à la main sur
fond micacé.

LIVRES ILLUSTRÉS

MORIKUNI

(xviiᵉ siècle.)

768. — Yehon Ochikubaï. *Le prunier logeant des rossignols.*
Dessinateur et auteur : *Kôcoken Tatchibana Morikuni.*
230 pages de gravures.
1740, Kioto, chez Uyemura Toyemon et Uyemura Tozabura.
Complet en 7 volumes en noir.

769. — Umpitsu sogwa. *Dessins cursifs suivant la marche du pinceau.*
Dessinateur et auteur : *Morikuni.*
Préfacier (1748) : *Dén Tchoyo.*
110 pages de gravures en noir.
1749, Osaka, chez Chibukawa Séyémon.
Complet en 3 volumes reliés en un seul.

770. — Yehon tsu ho shi. *Livre de la fortune commune.*
Recueils de dessins et illustrations de légendes par Tatchibana yuyetsu (un des noms de Morikuni).
Dessinateur et auteur : *Tatchibana.*
Graveurs : *Niwa Hisayemon,* de Kioto ; *Fujimura Zenyemon.*
400 pages de gravures.
1730, Osaka, 10 volumes reliés en 5. Complet.

KANYOCAI

771. — Kanyoçaï gwafu. *Album des dessins de Kanyoçaï.*
Style des vieux maîtres chinois.
Dessinateur : *Kanyoçai.*

Graveur : *Hanghiya Ghembe.*
1762, Yedo, chez Suharayga Itchibe.
4 volumes sur 5 (manque le 4ᵉ).

HARUNOBU

772. — Yehon Tchiyono matsu. *Les pins éternels.*
    Auteur de la préface : *Tokusôchi.*
    Graveur : *Takeno-Utchi Heichiro et Takahachi Rosen,* de Yedo.
    52 pages de gravures.
    1767, Yedo, chez Yamazaki Kimbe.
    Complet en 3 volumes reliés en un seul.

773. — Scirô bijinn awace. *Réunion des Beautés des Maisons vertes.*
    Impression en couleurs.
    Graveur : *Yendo Matsugoro.*
    Yedo, chez Funaki Kasuki.
    52 planches en couleurs, en 2 volumes.
    Complet en 167 pages de gravures.

774. — Même ouvrage, impression en noir.
    Complet en 5 volumes reliés en 2.
    167 pages de gravures.

TOYONOBU

775. — *Rivalités de Beautés.*
    12 planches en noir.
    Complet, sauf la préface et la page de signature.

776. — Yedo murasaki. *Les environs de Yédo.*
    3 volumes reliés en un seul.
    Gravures en noir. Complet.

SHUNSHO

777. — *Les cent poètes.*
    75 planches en bon tirage. Impression en couleurs.

HOKUSAI

778. — Fugaku Hiak'keï. *Cent vues du pic Fuji.*
Les deux premiers volumes à couvertures gaufrées des vues du
lac Biwa et portant la bande de titre à la *plume de faucon.*
Dessinateur : *Gwakio Rojinn Manji.*
Graveur : *Yegawa Tomekitchi et ses élèves.*
1834-5, Yedo, chez Nichimura.
Le 3ᵉ volume sans signature d'artiste, ni date.
150 pages de gravures.
Nagoya, chez Yerakuya Tôchirô.
Complet en 3 volumes.

779. — Même ouvrage. Édition de Nagoya. Impression noire, 3 volumes.
150 pages de gravures.

780. — Yehon Wakan Homare. *Album des gloires de la Chine et du
Japon.*
Dessinateur : Zen Hok'saï aratame *gwakio Rojinn Manji*, à
l'âge de soixante-seize ans, indication qui place la date du
dessin à 1835. Daté de la 3ᵉ année de Ka-yeï (1850).
Graveur : *Yegawa Sentaro.*
58 pages de gravures.
1850, Yedo, chez Tochôken.
Complet en 1 volume.

781. — Wakan yehon Sakigake Shohen. *Livre élémentaire de dessins ja-
ponais et chinois.*
Première partie représentant des anciens guerriers japonais et
chinois renommés pour leur courage et leur fidélité.
Dessinateur : Zen Hokusaï aratame *Gwakio Rojinn Manji.*
Date : 7ᵉ année de Tempo (1836).
Graveur : *Yegawa Tamekitchi,* graveur des 2 premiers volumes
des *Cent vues de Fuji.*
Complet en 1 volume.

782. — *Sui ko den Yuski no ye dzu Kushi, ou Hiaku has-seï tan Shô-zô.*
Recueil de portraits de 108 personnes braves représentées
dans le livre intitulé Suikoden (roman chinois traduit par
Bakin, l'écrivain japonais).

Signé : *Katsushika zen Hokusaï Tame itchi*.
Date : 12e année de Bunseï (1829).
Complet en 1 volume.

783. — Manjio sohitsu gwafu. *Album de dessins cursifs du vieillard Manji*.
Dessinateur : Zen Hokusai *Manji*.
Graveur : *Suzuki Yeijiro*.
45 pages de gravure.
1843, Yedo, chez Kinkodo (préface datée de 1832).
Complet en 1 volume.

784. — Hok'sai gwafu. *Album de Hokusaï*.
Non signé.
116 pages de gravures.
1849, Nagoya, chez Zotchorô.
1 volume sur 3.

785. — Yehon musashi abumi. *Livre illustré des étriers de Musashi*.
Livre illustré des guerriers célèbres de la province de Mu-
sashi.
Dessinateur : Zen Hokusaï aratame *Gwakio Rojinn Manji*.
Datée : 7e année de Tempo (1836), mois de septembre.
Graveur : *Yegawa Tamekichi*.
Ce livre complet en 1 volume est la suite de Wakan Yehon
Sakigake.

786. — Toto meicho Itchiran. *Coup d'œil sur les endroits célèbres de Toto*
(Yedo).
Dessinateur : *Hokusai Tokimassa*.
Graveur : *Ando Yenchi*.
40 pages de gravures. Tirage en couleurs.
Complet en 2 volumes.

787. — Même ouvrage, le 2e volume seulement.

788. — Kokusai gwachiki. *Style du dessin de Hokusai*.
Dessinateur : *Katsuchika Taito* et ses élèves *Hokuyo, Hokuchu
Hokkei* (d'Osaka).
42 pages de gravures.

1819, Osaka et Kioto, chez Akitaya Tayemon.
Impression rose.
Complet en 1 volume.

789. — Yehon Kióka yama mata yama. *Livre de dessins et de poésies. Montagnes et Montagnes.*
Dessinateur : *Hokusaï.*
Graveur : *Oharate Sumikata.*
60 pages de gravures.
1804, Yedo, chez Kôchodô Tsutaya Juzaburo.
Tirage en couleurs,
Complet en 3 volumes.

790. — Hokusaï Mangwa. *Esquisses rapides de Hokusaı.*
820 pages de gravurés.
15 volumes. Tirages teints en rose, à l'exception du tome XII qui est en noir.
« Sur ces 15 volumes, les 10 premiers furent d'abord édités à Yedo entre 1812 et 1819. Les planches qui les composaient furent ensuite achetées par la maison Yerakuya Tochiro de Nagoya qui augmenta la série de 4 autres volumes, dont la publication se suivit jusqu'en 1849. Le quinzième et dernier volume se compose d'une compilation de dessins posthumes de Hokusaï. »

791. — Le huitième volume du même ouvrage. Tirage en noir.

792. — Wakan Yehon Sakigaki shohen.
3 volumes de guerriers célèbres.

793. — Yehon Azuma assôbi. *Livre des promenades d'Azuma.*
Dessinateur : *Hokusaï.*
1802, Yedo, chez Tsutaya Gùzaburo.
Tirage en couleurs.
Complet en 3 volumes.

794. — Les 53 planches du petit Tokaido. Très bon tirage.

795. — Même ouvrage. 11 planches en double.

KATSUCHIKA TAITO

796. — Kwacho gwaden. *Modelé de fleurs et d'oiseaux.*
Signé : *Katsuchika Taïto.*
Le premier volume en premier tirage est daté : 1ʳᵉ année de Ka-yeï (1848). Le deuxième volume est d'un tirage postérieur.

120 pages de gravures.
Complet.

797. — Même ouvrage.
Le premier volume seul, en premier tirage (1848).

GAKUTEI

798. — Recueil de poésies illustré par Gakuteï.
Complet en 3 volumes reliés en un seul.

799. — Poésies illustrées.
35 planches en noir.
Complet en 1 volume.

800. — Itchirô gwafu. *Album d'Itchirô* (Gakuteï, poète).
Titre donné à la réimpression, sans les poésies, du Sansui
Kikwan.
Signature : *Yachima Itchirô.*
40 pages de gravures.
1823, Yedo, Gwacendô.
Complet en 1 volume.

TORIYAMA SÉKIYEN

801. — Yizi hi-ken. Divers personnages célèbres.
1778, gravures teintées sauf la préface tirée en blanc sur fond
noir.
Complet.

UTAMARO

802. — Yehon muchi Yerabi. *Choix d'insectes,* avec poésies sur les
insectes.
Dessinateur : *Kitagawa Utamaro.*
Auteur de la préface : *Rokujuyen.*
Auteur de la postface : *Toriyama Sekiyen.*
Graveur : *Fuji Hazumune.*

Tirage postérieur quoique bon ; vers 1820 environ.
Complet.

803. — Seiro Yehon Nenju ghiòji. *Annuaire des Maisons Vertes.*
 Dessinateur : *Kitagawa Utamaro* avec ses élèves. *Kikumaro,
 Hidemaro, Takemaro.*
 Auteur : *Jippéncha Ikku.*
 Graveur : *Fuji Kazemuni.*
 Ouvrier imprimeur : *Kwakuchòdò Tòyemon.*
 40 pages de gravures, 2 volumes reliés en 1 seul.
 1804, Yedo, chez Kazusaya Tchùsuke Juò.
 Complet.

KITAO MASSANOBU

804. — Kokon Kioka Bukuro. *Le sac des poésies.*
 105 planches de poètes.
 Edité en 1787.
 Complet en 1 volume.

OGATA KORIN

805. — Kòrin hiakuzu. *Cent dessins de Kòrin.*
 Auteur : *Hoitsu,* qui écrit ce qui suit : « Le deuxième jour du
 sixième mois de l'année Bunkwa XII (1815) qui est le cente-
 naire de la mort de Kòrin, j'ai réuni certaines œuvres de cet
 artiste, possédées par les amateurs, afin de célébrer son
 talent. J'ai reproduit cent de ses œuvres et les ai imprimées
 pour en propager le souvenir. »
 1815, imprimé à Yedo, chez l'auteur.
 A la dernière page le cachet de Hoitsu, prouvant que ces livres
 sont d'un tout premier tirage.

806. — Kòrin hiakuzu Kohen. *Supplément aux cent dessins de Kòrin.*
 Auteur : Hoitsu.
 72 pages de gravure.
 1826, à Ugne-an (nom de la villa habité par Hoitsu).

RINNCHO

807. — Ittcho gwafu. *Album de dessins d'Ittchô.*
Signataire : *Suzuki Rinnchô.*
110 pages de gravures.
1770, Yedo, chez Kariganeya Jissuke.
Complet en 3 volumes.

ROSUI

808. — Les rives de la Sumida.
Edité en **1781**.
Complet en **2** volumes.

RIUSUI

809. — Umi no satchi. *La fortune de l'Océan.*
Dessinateur : *Riusui.*
Graveur : *Sekiguchi Jinchiro*
Ouvrier imprimeur : *Sekiguchi Tokitchi.*
1762, Yedo, chez Iceya Jiyemon et Yamazaki Kimbe.
Impression en couleurs. 1 volume sur 2.
(Cet ouvrage est peut-être le livre le plus ancien contenant des
impressions en couleurs.)

HIROSHIGE

810. — Tokaïdo fukeï zuye. *Illustration de passages du Tokaïdo.*
Les 52 stations du Tokaïdo.
Signature : *Itchiriuçai Hiroshige.*
Complet.

811. — Tokaïdo meicho zuye. *Illustration des endroits célèbres du
Tokaïdo.*
Signé : *Itchiriuçai Hiroshige.*
68 pages de gravures.
1848.

KUNIYOSHI

812. — Itchiyu gwafu. *Album de dessins d'Itchiyu* (autre nom de Kuniyoski).
Livre de guerriers célèbres.
Edité en 1820.
Complet en 1 volume.

TOYOKUNI

813. — Yedo meisho. *Vues de Yedo*.
L'exemplaire présent ne porte pas de date, mais le tirage en noir de ce volume porte celle de 1799 sous le titre Ychon Wakamurasaki.
Complet en 1 volume en couleurs.

KUNISADA

814. — Scènes de théâtre.
Impression en noir. Edité en 1834.
1 volume sur 2.

815. — Scènes de théâtre.

816. — Impression en noir. Edité en 1829.
1 volume comprenant 17 planches sur 108.

817. — Meisho makkeï.
9 planches doubles en couleur.
1 volume complet.

KITAO SHIGEMASSA

818. — Kwachô chachinn-zuye. *Fleurs et oiseaux d'après nature*, Zémpén, première partie.
Signé : *Kitao Kôsiuçai*.
1805, Yedo.
2 volumes en couleurs, sur 3.

819. — Suite de l'ouvrage précédent. *Kôhen*, deuxième partie.
1827, Yedo (huit ans après la mort de l'artiste).
Complet en 3 volumes reliés en un seul.

820. — Yehon Sakaye gusa. *Le livre des coulisses de théâtre.*
Signé : *Kitao Shigemassa.*
43 pages de gravures.
1765-67, Yedo, chez Yamagaki Kimbe.
Complet en 3 volumes.

MASSAYOCHI

821. — Sansuï riakugwa chiki. *Méthode du dessin cursif de paysage.*
Dessinateur : *Keïçaï Jôchinn.*
Graveur : *Chumpodô Nochiro Riûko.*
59 pages de gravures.
1800, Yedo, chez Suharaya Itchibe.
Complet en 1 volume.

822. — Imayo Shokuninzu Kushi. Les diverses industries.
Impression en couleurs, sur les divers métiers.
Complet en 2 volumes reliés en un seul.

DIVERS

823. — Moshi hinibutsu Zukô. *Illustration des objets cité dans le Shiking.*
4 volumes sur 6 : impression en noir.
Daté : Temmeï, 5ᵉ année, 1786.
Osaka.

824. — Somoku Kihinkagemi. *Plantes rares.*
3 volumes en noir.
Complet.

825. — Yusaï gwafu. *Fleurs et oiseaux.*
18 planches en noir et couleurs.
1841.
Complet.

826. — Album contenant 38 planches de décoration pour étoffes, rehaus-
sées de nombreuses couleurs.

827. — Kimeï. *Ogatarin Hiakenzu*. Fac-similé de l'école de Korin : dessins pour laqueurs.
2 volumes complets : n'ont été tirés qu'à 30 exemplaires.

828. — Kenen Kwacho gwafu. *Album de fleurs et d'oiseaux par Kenen.*
Dessinateur : *Imaô Kenen.*
4 volumes imprimés en couleurs.
Edition moderne.

829. — Nippon-Kodan Bokuga Meika.
Dessinateur : *Getsuoka Rojinsaï Masanobu.*
Grand album de scènes diverses en noir.

830. — Baiga Hiakucho gwafu.
Dessinateur : *Kono Baïgnan.*
3 volumes en couleurs, de fleurs et d'oiseaux.
Edition moderne.

831. — Le même ouvrage.

832. — Nô Kuwa.
Dessinateur : *Kyosaï.*
Deux volumes en couleurs représentant de nombreux personnages.

833. — *Okoma*. Roman japonais illustré par F. Regamey.

834. — *Collection T. Hayashi*. Les 3 catalogues de vente.
Complet.

835. — *Collection Gillot*. Catalogue de Objets d'art et peintures (cartonné).

DESSINS

---

836. — Dessins originaux. Ecole de Kano, d'après Tsunenobu.
xviie siècle.
19 dessins rehaussés. Fleurs et oiseaux.

837. — Dessins originaux. Ecole de Kano.
38 dessins rehaussés. Fleurs et animaux.

838. — 18 dessins à l'encre de Chine, reliés en album.
Scènes de Sennin et de Rakan.

ÉTOFFES BRODÉES ET BROCHÉES

839. — Un manteau en crêpe broché vert pastel brodés de bouquets polychromes détachés.

Début du xix⁰ siècle.

840. — Un manteau en faille bleue, semé de médaillons fleuris polychromes, tissés, et d'une zone d'ornements divers au-dessus des flots de la mer.

Fin du xviii⁰ siècle.

841. — Un manteau de faille rouge, à décor similaire au précédent.

Fin du xviii⁰ siècle.

842. — Un très beau manteau de velours, décoré en broderie et applications de motifs fleuris carrés.

xviii⁰ siècle.

843. — Un manteau de satin bleu foncé brodé en polychromie, d'oiseaux de Hô, au milieu des nuages et au-dessus d'une bordure de flots écumants. Le bas est garni d'une frange de soie jaune.

Début du xix⁰ siècle.

844. — Un manteau en satin rouge brodé en polychromie de papillons au milieu des fleurs.

Même époque.

845. — Un manteau en satin bleu brodé et appliqué de motifs fleuris et d'emblèmes bouddhiques.

Fin du xviii⁰ siècle.

846. — Un panneau de soie crème brodé de bouquets variés polychromes.

xix⁰ siècle.

847. — Un grand bandeau de drap rouge brodé en polychromie des huit immortels (Pa hsien) avec leurs attributs favoris.

$3^m,50 \times 0^m,55.$

848. — Un bandeau de drap rouge brodé en polychromie de fleurs, d'oiseaux de Hô et de papillons.

$3^m,50 \times 0^m,60.$

849. — Un fukusa de satin rouge brodé d'une cigogne volant au-dessus des flots devant le disque du soleil.

850. — Un fukusa de satin rouge brodé d'enfants sous un arbre fleuri. Bordure or.

851. — Un fukusa en satin bleu brodé de trois shojo en extase devant une jarre de saké.

852. — Un fukusa de satin nattier brodé de deux paons sous un arbre fleuri, dans les branches duquel voltigent de nombreux oiseaux.

853. — Deux carrés de satin rouge brodés d'un couple de grues s'ébattant près d'un pin.

854. — Un lot de fragments divers.

855. — Un très beau lot de dessous de potiches, brodés, brochés sur satin, gaze, etc.

(Seront divisés.)

856. — Lots omis.

ÉVREUX, IMPRIMERIE CH. HÉRISSEY, PAUL HÉRISSEY, SUCC^r

ASSOCIATION AMICALE FRANCO-CHINOISE

18, RUE LAFAYETTE, PARIS

Fondée en 1907, l'Association amicale Franco-Chinoise a pour objet de faire naître et d'entretenir entre Français et Chinois des relations d'estime mutuelle, de cordialité et de solidarité pouvant leur permettre de se mieux connaître et, par conséquent, de se mieux apprécier.

L'Association recherche tous les éléments qui sont de nature à rapprocher les Chinois et les Français et à les mettre à même d'étudier et de bien comprendre leurs intérêts réciproques, ainsi que leur civilisation respective, afin d'en profiter mutuellement dans toute la mesure du possible.

Elle a pour but, notamment, de favoriser le développement des relations entre les Français et les Chinois en offrant aux résidents et voyageurs français en Chine et chinois en France le concours dont ils ont besoin pour leurs affaires.

Elle organise des CONFÉRENCES et publie un *Bulletin* trimestriel de plus de 100 pages, illustré de dessins et de cartes ou plans, destiné au grand public, aussi bien qu'aux spécialistes de la sinologie et des arts de l'Extrême-Orient.

Les principaux articles de ce *Bulletin* sont consacrés à la civilisation, à la géographie, aux mœurs et usages, à la littérature et aux beaux-arts de la Chine.

Voici le sommaire des quatre derniers fascicules de cette revue, formant le tome IV, 1912.

N° 1. — Calendrier sino-français (quatrième année Siuan-t'ong). — G. Ducrocq : *D'Och à Kachgar* (Première partie). — L. Binyon : *Le vol du dragon*. Traduction d'Ardenne de Tizac (I à IV).— G. Douin : *Cérémonial de la Cour et coutumes du peuple de Pékin* (fin). — Miscellanées : *La rivière Ya-long et ses affluents*, par A. Vissière et R. Garreau. — Extraits de la presse chinoise. — Bibliographie.—Déjeuners de l'Association. — Liste des membres de l'Association.

N° 2. — *Empire et République en Chine*. — G. Ducrocq : *D'Och à Kachgar* (fin). — L. Binyon : *Le vol du dragon*. Traduction d'Ardenne de Tizac (V et VI). — Miscellanées : *La langue chinoise au Siam*, par C. Notton. *Le haut Yang-tseu*, par R. Garreau. *Géographie politique et administration de la République chinoise*, par A. Vissière. *Transcription du chinois*, par A. Vissière. *Nouvelles de M. Bons d'Anty*. — Art chinois : *Vases chinois anciens*, par H. d'Ardenne de Tizac. *Exposition de peintures chinoises et de paravents. Exposition des arts de l'Asie*, par K. L. T. *Ventes d'objets d'art de la Chine. Dons au Musée Guimet*, par L. Paillet. — Bibliographie. — Déjeuners de l'Association.

N° 3. — L. Reynaud : *Du fleuve Rouge au fleuve Bleu* (II. A.) — L. Binyon : *Le vol du dragon*. Traduction d'Ardenne de Tizac (VII à X). — Stan. Millot : *Excursions rapides en Chine* (II° série, 1 à 13. — Miscellanées : *La femme chinoise*, par G. Soulié. *Géographie politique et administration*, II, par A. Vissière. *Les Hommes aux yeux de couleur*, par A. Vissière. *Sceaux du général Fou-k'ang-ngan*, par A. Vissière. *Examens de langue chinoise. La mission*

Des VISITES DE MUSÉES ou de collections d'Extrême-Orient ont lieu avec l'aimable concours de leurs directeurs ou organisateurs.

Un DÉJEUNER réunit tous les deux mois, sauf pendant les vacances, au Café Riche, un grand nombre de convives sous la présidence d'un Français ami de la Chine ou d'un représentant de la Chine à Paris. Les voyageurs revenant de Chine sont spé-cialement conviés à ce déjeuner (La cotisation est de 7 fr. 50).

L'Association se compose de Membres d'honneur, de Membres bienfaiteurs, de Membres perpétuels et de Membres actifs. Les douze premiers Membres actifs qui ont fondé l'Association sont Membres fondateurs.

Les *Membres d'honneur* sont désignés par le Bureau parmi les personnes qui ont rendu ou peuvent rendre d'importants services à l'Association. Les *Membres bienfaiteurs* sont ceux qui versent, en une seule fois, une somme d'au moins 300 francs à la caisse de l'Association. Les *Membres perpétuels* sont ceux qui versent, en une fois ou en cinq termes égaux, une cotisation unique de 240 francs.

Pour être *Membre actif* de l'Association, il faut être présenté par deux Membres actifs, être admis par le Bureau et payer un droit d'entrée de 5 francs et une cotisation annuelle de 12 francs.

L'Association peut, en outre, accepter tous dons et subven-tions. Ces fonds sont gérés par le Bureau au mieux des intérêts de la Société.

Le Bureau peut accepter, parmi les étudiants chinois et français, des membres qui sont exemptés du paiement du droit d'entrée et dont la cotisation annuelle est réduite à 5 francs. Ces membres peuvent assister aux réunions de l'Association avec voix consul-tative.

Sur demande, le Secrétaire général enverra une formule d'adhé-sion ainsi qu'un fascicule spécimen du *Bulletin* contenant le texte des *Statuts* de l'Association.

Adresser les communications à M. Georges DUCROCQ, Secrétaire général, 13, avenue de l'Observatoire, Paris (VIe).

Voici la liste des Membres du Bureau et du Comité de Direction de la Société :

BUREAU.

Présidents d'honneur :

M. PICHON, Sénateur, Ancien Ministre des Affaires étrangères.
M. LIOU She-shun, Ancien Représentant diplomatique provisoire de Chine en France.

(Suite au verso.)

BERTHELOT (Philippe), **Ministre plénipotentiaire, Sous-directeur des affaires d'Asie et d'Océanie au Ministère des Affaires étrangères.**

le Vicomte DE CAIX DE SAINT-AYMOUR (Robert), Publiciste, Secrétaire général du Comité de l'Asie française.

le Comte Du CHAYLARD, Ministre plénipotentiaire.

COLLIN (Victor), Ministre plénipotentiaire.

DOMANGE (Albert), Industriel.

DROUHET (Frédéric), Secrétaire général des Colonies.

DUBAIL (Georges), Ancien Ministre plénipotentiaire de la République Française en Chine.

DUCHEMIN (Eugène), Ancien Membre du Conseil supérieur de l'Indochine, Ancien Président de la Chambre d'Agriculture du Tonkin.

DUJARDIN-BEAUMETZ (François), Ingénieur civil, Membre du Comité de Direction du Conseil des Forges de France et du Bureau du Comité central des Houillères de France, Président et Administrateur de diverses Sociétés industrielles.

le Baron De GOY, Ancien Résident de France au Cambodge (Indochine).

GRELLET (Mac), Secrétaire de l'Union républicaine des conférenciers et publicistes de Paris.

GUILLAIN, Inspecteur général des Ponts et Chaussées, en retraite, Ancien Ministre des Colonies, Président de l'Union des Industries minière et métallurgique de France, etc.

le Baron HULOT, Secrétaire général de la Société de Géographie de Paris.

LABBÉ (Paul), Explorateur, Secrétaire général de la Société de Géographie commerciale de Paris.

LEBAUDY (Robert), Membre perpétuel.

LESEUR (Félix), Membre du Conseil supérieur des Colonies, Secrétaire général de la Société d'Economie industrielle et commerciale.

LYNN Tong-sih, Représentant diplomatique provisoire de Chine à Paris.

Mme Isabelle MASSIEU, Explorateur, Chevalier de la Légion d'honneur.

MILHE (P.-E.), Contrôleur-chef aux Douanes chinoises, Swatow (Chine).

le Général de PELACOT.

RICHARD (Georges), Magistrat, ancien avocat à la Cour de Paris, Publiciste.

SHENG, Ancien secrétaire à la Légation de Chine à Paris.

THOMEGUEX, Conseiller du Commerce extérieur de la France.

TSANG Jen-kie, Négociant.

VISSIÈRE (Arnold), Consul général de France, Professeur de langue chinoise à l'École des Langues orientales vivantes de Paris, Secrétaire-interprète du Gouvernement de la République Française.

ASSOCIATION AMICALE FRANCO-CHINOISE

DÉCLARÉE CONFORMÉMENT A LA LOI DU Ier JUILLET 1901

SIÈGE SOCIAL : 18, rue La Fayette, PARIS (9e Arrondissement)

DEMANDE D'ADHÉSION

Nom et prénoms ....

Profession, titres ....

....

Domicile ....

Parrains M. ....

    M. ....

Je demande à faire partie de l'*A. F. C.* en qualité de Membre { bienfaiteur perpétuel actif

SIGNATURE

Membre bienfaiteur : **300** fr.
— perpétuel : **240** fr.
— actif : **12** fr. par an, plus **5** fr. de droit d'entrée.

Adresser la présente demande d'adhésion à M. Georges DUCROCQ, Secrétaire Général de l'*Association Amicale Franco-Chinoise*, 13, avenue de l'Observatoire, Paris (VIe).
Tous les adhérents reçoivent *gratuitement* le Bulletin trimestriel de l'Association.

Paris. — Imp. PAUL DUPONT, 4, rue du Bouloi. — 137.1.13.

www.ingramcontent.com/pod-product-compliance
Ingram Content Group UK Ltd.
Pitfield, Milton Keynes, MK11 3LW, UK
UKHW022035170726
13837UKWH00002B/617